Max Schmeling

BRYANT

Max Schmeling

Herausgegeben von Tobias Drews

Engelhorn Verlag Stuttgart

Die Deutsche Bibliothek – CIP-Einheitsaufnahme

Max Schmeling/
hrsg. von Tobias Drews. – 1. Aufl. –
Stuttgart : Engelhorn Verlag, 1996
ISBN 3-87203-236-4
NE: Drews, Tobias

Typographische Gestaltung: Brigitte Müller
Satz: Steffen Hahn GmbH, Kornwestheim
Reproduktionen: Die Repro GmbH, Tamm
Druck und Bindearbeit: Friedrich Pustet, Regensburg
Printed in Germany

ISBN 3-87203-236-4

Inhaltsverzeichnis

Tobias Drews

Zu diesem Buch

Als der Literat Wolf Wondratschek für sein Buch »Menschen, Orte, Fäuste« Max Schmeling zu einem Interview in dessen Hamburger Büro aufsuchte, fragte Schmeling ihn höflich, was er Wondratschek denn noch Neues erzählen könne. Und mit einem Seitenblick auf seine 1977 erschienenen »Erinnerungen« sagte er: »Hier steht doch alles drin.«

Auch auf einigen hundert Seiten kann man nicht jeden Aspekt aus 91 Lebensjahren Schmeling, 69 Lebensjahren Joe Louis und über 100 Jahren moderner Boxgeschichte aufarbeiten. Aber im Gespräch mit Zeitzeugen und Freunden fiel vor allem eines auf: Die überwältigende Mehrheit zählte diesen Mann zu ihrem Idol, und es konnte sich jeder genau erinnern, wo er an den Abenden der großen Schmeling-Kämpfe gewesen war und mit welchen Personen er bei welcher Gelegenheit sich die Radioübertragungen angehört hatte.

Drei Jahre dauerte die Arbeit an diesem Buch, die holprig begann und dann immer konkreter wurde. Weil viele der Weggefährten Schmelings in der Zwischenzeit verstarben und auch keiner seiner sportlichen Gegner mehr lebte, wurde mir bald klar, daß ich schnell handeln mußte, wenn ich dieses Projekt in die Tat umsetzen wollte.

Bei den Besuchen an vielen Originalschauplätzen der Schmeling-Karriere – in Deutschland und den USA – sowie einem persönlichen Treffen mit Schmeling in Hamburg unternahm ich den Versuch, das Gefühl nachzuempfinden, welches Schmeling einer ganzen Generation und deren Kindern in einer schweren Zeit vermittelte. Max Schmeling hat nicht nur sein eigenes Leben in die starken Fäuste genommen, er hat Menschen Mut gemacht, ein zerstörtes Land, zerstörte Träume und ein zerstörtes Leben wieder aufzubauen, obwohl er sie nicht persönlich kannte. Mein Großvater erzählte mir vor seinem Tod von den kurzen Begegnungen mit Schmeling, als dieser in Wolfenbüttel stationiert war. Mut, Kraft und Hoffnung habe es ihm gegeben, miterleben zu können, wie ein Mann, der ganz natürlich war und handelte, alles wieder in den Griff zu bekommen versuchte.

Ich möchte mich bei allen bedanken, die mich in meiner Arbeit an diesem Buch unterstützt haben. Mein besonderer Dank gilt zwei Personen, ohne die keine so gezielte und so umfassende Recherche möglich gewesen wäre: Hank Kaplan, dem Boxhistoriker aus Miami, der das umfassendste Archiv der Welt besitzt und jede Information, jedes Foto und jede Erinnerung mit mir teilte. Über jeden Weltmeisterschaftskampf und jeden Boxer seit 1902 hat Kaplan einen eigenen Ordner, und es ärgerte ihn persönlich, daß »ausgerechnet« in den Mappen von Schmelings WM-Kämpfen nicht vermerkt war, mit welcher Zahnpasta sich die Boxer vor oder nach dem Kampf die Zähne geputzt hatten. Bei anderen Kämpfen hatte Hank sogar dies archiviert. Die Nachmittage in seinem Archiv gehörten zu den schönsten der Recherche. Egal welche Frage ich ihm stellte, immer lehnte er sich kurz in seinem Schaukelstuhl zurück, kaute an seiner Pfeife, dachte nach und fand dann zielsicher den richtigen Ordner. Kaplan steuerte die Dokumente aus den gesammelten Werken des Ringrichters Harold Barnes und die Bilder aus dem Privatarchiv des ehemaligen Schmeling-Managers Joe Jacobs bei. Alles wurde über Jahrzehnte hinweg gehegt und gepflegt, aber niemals veröffentlicht.

Ebenso wichtig war die Unterstützung von Jack Hirsch, der seine über Jahrzehnte erarbeiteten Kontakte einsetzte, weil ihm an der Person, dem Menschen und dem Boxer Schmeling ebensoviel gelegen ist wie mir. Hirsch möchte die unschätzbar wertvolle Mitarbeit an diesem Buch seiner Frau Audrey und seinen drei Töchtern widmen. »Sie haben mich immer und rückhaltlos in meiner Arbeit für das Boxen unterstützt, ganz egal wie zeitaufwendig dies auch gewesen sein mag.«

Willard Zierold konnte persönlich keine Unterlagen mehr beisteuern, er starb im Februar 1992. Was ihn so ungewöhnlich machte, war seine tiefe Liebe für den Mann, den er persönlich nie kennengelernt hat. Nachdem er mit seiner deutschen Frau nach Amerika gezogen war, sammelte er alles, was er über

Max Schmeling bekommen konnte. Sogar in Australien spürte er eine Kollektion von Dokumenten auf. »Wir waren angenehm überrascht, daß ein Mann wie Max Schmeling sich immer so viel Zeit nahm, auf unsere Briefe zu antworten«, sagte Marianne Zierold, die auch weiterhin mit Schmeling in Kontakt steht. Für Willard ging es in seiner Arbeit darum, nachzuweisen und zu belegen, daß Schmeling nicht der »böse Nazi« und »Tiefschlag-Weltmeister« war, wie er in der amerikanischen Presse oft geheißen wurde. Willard kämpfte darum, daß Schmeling den Platz in der Boxgeschichte zugesprochen bekam, den er verdient hatte – ganz weit oben. Es wäre im Sinne dieses wahrlich ernsthaftesten Schmeling-Fans gewesen, ein solches Buch zu veröffentlichen. Daher ist es ihm und seiner lebenslangen Arbeit gewidmet.

Ich möchte auch den bekannten Autor und persönlichen Freund von Muhammad Ali, Tom Hauser, und den Direktor der International Hall of Fame, Ed Brophy, erwähnen, dazu Mike McClain, Lew Eskin, Tom Kenville, Jack Welsh und Charlie Ross, sowie den Herausgeber von »The Ring«, Steve Farhood, Wolfgang Uhrig vom Sportmagazin »Kicker«, Axel Zielke, den Archivar des Bundes Deutscher Berufsboxer, Jean-Marcel Nartz, den rührigsten Mann im deutschen Boxen, Arno Kölblin, den Europameister im Schwergewicht von 1937, Kai-Uwe Großjohann, Nadine Oberhuber, Karl-Friedrich Fromme, Johannes Biewer, Hans Frömming, Aenne Burda, Alexander Mazur, Peter Paffen, Albert Münch und Frau, Phil Marder, Peter Jensen, Steve Acunto, Olaf Schröder, Marvin Hagler, Dieter-Thomas Heck, Kurt Halbach, Anneliese Rothenberger. Sie und viele andere mehr halfen im Rahmen ihrer Möglichkeiten. Für alle steht eines fest: Max Schmeling ist ein Mensch, der das Lebenskunststück vollbracht hat, bedeutend zu werden und natürlich zu bleiben.

Statt eines Vorworts

»Ich kenne Menschen, die seit Jahren im Laden und im Büro ein kärgliches Dasein fristen – verhutzelte, schwächliche Kerlchen manchmal –, die aber mehr wahren Mut haben als mancher urwüchsige physische Riese, der sich zu irgendeiner Meisterschaft durchgeschlagen hat. Es ist der geistige, sittliche Mut, der Menschen dazu befähigt, erst sich ein Ziel zu stecken und dann durch dick und dünn auf dieses loszusteuern, bis sie es erreicht haben.«

Gene Tunney
Box-Weltmeister im Schwergewicht
von 1926 bis 1928

. . . über Max Schmeling

»Als Max Schmeling zum erstenmal Weltmeister wurde, war das noch vier Jahre vor dem Beginn meines Erdendaseins. Doch schon als kleiner Junge habe ich immer wieder von den legendären Kämpfen, insbesondere gegen Joe Louis, gehört. Und ich fand diese Schilderungen so spannend, daß ich mir gut vorstellen kann, wie damals in den dreißiger Jahren die Menschen in Deutschland an den Radiogeräten bei den Weltmeisterschaftskämpfen aus den USA selbst nachts mitfieberten. Schmeling ist noch Jahrzehnte nach seinen großen sportlichen Erfolgen populär, er ist nicht nur für die Älteren, sondern auch für die Jüngeren Vorbild und zeichnet sich durch Menschlichkeit, Bescheidenheit und besonderes soziales Engagement aus.«

Roman Herzog
Bundespräsident

»Das zweite Duell zwischen Louis und Schmeling ist mir noch in guter Erinnerung. Gemeinsam mit meinem Bruder bin ich aufgestanden, um früh morgens mir die Radioübertragung anzuhören. Mein Bruder war schon vorgegangen, und als ich etwas später hinterherkam, sagte er nur: ›Du kannst wieder ins Bett gehen – Schmeling ist k.o. gegangen.‹ Ich erinnere mich noch sehr gut, daß ich mich dann auf die Treppe gesetzt habe und bitterlich weinte. Ich konnte nicht begreifen, wie Max Schmeling – für mich der stärkste Mann der Welt – bereits nach zwei Minuten k.o. gegangen war.«

Helmut Kohl
Bundeskanzler

»Max Schmeling ist in den Herzen der Menschen jung geblieben – wie in seinem eigenen Herzen. Es sind nicht nur die sportlichen Erfolge, die ihn zum Idol und Vorbild werden ließen, sondern auch sein Charakter. Ich selbst habe einige Kämpfe verfolgt und dabei mitgefiebert in einer Weise, die mir unvergeßlich bleiben wird. Max Schmeling war in einer Medienwelt, die neu geboren wurde, der erste Star.«

Richard von Weizsäcker
ehemaliger Bundespräsident

»Ich arbeitete zu der Zeit des ersten Kampfes gerade als Aufseher im Yellowstone Park. Wir hörten den Kampf im Radio: Es war schockierend und es war schlimm, weil ich zu dieser Zeit volles Vertrauen in den jungen Mann legte, der bislang alles richtig gemacht zu haben schien. Es ging über meine Vorstellungskraft, daß Max Schmeling ihn besiegen konnte.«

Gerald R. Ford
38. Präsident der Vereinigten Staaten

»Vor über 65 Jahren, am 12. Juni 1930, wurde Max Schmeling im denkwürdigen Kampf gegen den Amerikaner Jack Sharkey als erster Deutscher Boxweltmeister aller Klassen. Noch legendärer waren seine Kämpfe 1936 und 1938 gegen Joe Louis. Auch als Geschäftsmann war und ist er außerordentlich erfolgreich.

Das allein ist es jedoch nicht, was ihn zu einer Sportlegende hat werden lassen. Stärker als seine Fäuste war sein Charakter, der ihn dazu brachte, zu kämpfen, nie aufzugeben und stets für andere dazusein. Dies zeichnete ihn nicht nur auf der Höhe seines sportlichen Ruhms aus, sondern auch als die Nationalsozialisten die Trennung von seinen jüdischen Freunden und seinem jüdischen Manager verlangten, als er als Fallschirmspringer am Zweiten Weltkrieg teilzunehmen hatte und als er in Existenznot 1948 mit 43 Jahren wieder in den Boxring steigen mußte. Die Menschlichkeit, die Fairneß im Sport und im Leben, ohne dabei Unterschiede zwischen Nationalität, Hautfarbe und Religion zu machen – das waren und sind bis heute seine Stärken, die ihn zu dem gemacht haben, der er ist.

Nur ganz wenige Sportler in Deutschland haben die Popularität von Max Schmeling erreicht: Übertroffen hat ihn niemand. Er war und ist Vorbild für mehrere Generationen, insbesondere aber für die Jugend.«

Manfred Kanther
Bundesminister des Innern

»Max Schmeling – das Sportidol meiner Kindheit. Natürlich gab es viele andere hervorragende Sportler, wie den unvergeßlichen Wolfgang Hardig. Aber Schmeling hatte sein eigenes Gewicht. So ist es in den Jahrzehnten nach seiner Sportkarriere geblieben. Seine Geradlinigkeit und Bescheidenheit, seine Fairneß sind beispielgebend. Begegnungen mit ihm, die ich später als Sportminister und als Außenminister hatte, waren jedesmal ein Gewinn. Die Vorstellung, Max Schmeling einmal persönlich zu begegnen, hätte mich in meiner Kindheit nachts nicht schlafen lassen. So wie in jener Nacht des Jahres 1938, als er Joe Louis nach 124 Sekunden unterlag. Meine Mutter und ich saßen am Radio, wie damals wohl alle Deutschen, und konnten die Niederlage nicht fassen. Max Schmeling hat gerade aus dieser Niederlage Kraft bezogen, zu dem Vorbild eines Sportlers zu werden, das nunmehr unverrückbar sein Bild in der Öffentlichkeit bestimmt. Wer ihn mit seiner Frau Anny erlebt hat, lernte diesen kraftvollen Mann von einer ganz anderen Seite kennen: zärtlich und fürsorglich.«

Hans-Dietrich Genscher, MdB
ehemaliger Außenminister

»Wir in der DDR bekamen früher nur bedingt Informationen über Max Schmeling. Ich wußte zwar, wer er war, aber es wäre gelogen zu sagen, daß Max Schmeling mein Idol war. Nach der Wende waren wir natürlich alle besonders stolz, als Max Schmeling sich für das neu gegründete Wolke-Camp interessierte und uns zu sich nach Hause einlud. Was mich nach wie vor an Max Schmeling fasziniert, ist, wie er mit beiden Beinen im Leben steht. Wer vor so vielen Jahren den Grundstein für seine Bekanntheit gelegt hat und noch heute diese Anerkennung erhält, ist eine absolute Persönlichkeit.«

Henry Maske
Boxweltmeister im Halbschwergewicht

»Zur Hochzeit habe ich von Max Schmeling ein Telegramm bekommen. Dabei war ein kleines Foto von ihm mit den besten Grüßen und Wünschen für meine Frau und mich. Ich schätze ihn deshalb besonders, weil er nach dem Boxen in der Gesellschaft richtig Fuß gefaßt hat und sich eine Existenz abseits vom Sport aufgebaut hat.«

Torsten May
Olympiasieger 1992

»Ich würde mir wünschen, mit 90 Jahren noch genauso gut beisammen zu sein wie Max Schmeling. Er hat uns Boxern vorgemacht, wie man durch den Sport die Kontakte knüpft, um später im ›normalen‹ Berufsleben ebenfalls erfolgreich arbeiten zu können. Max Schmeling ist für mich schon allein deshalb eine ganz große Persönlichkeit. Dazu kommt noch seine Hilfsbereitschaft den Menschen gegenüber, die noch nie in ihrem Leben auf der Sonnenseite gestanden haben. Als gebürtiger Pole würde ich meinen Besuch bei ihm mit einer Audienz beim Papst gleichsetzen.«

Dariusz Michalczewski
Boxweltmeister im Halbschwergewicht

»Er war der Urvater des Boxsports in Deutschland und Europa, auch wenn vor ihm schon andere da waren. Erst Max Schmeling hat unseren Sport durch den Gewinn des WM-Titels populär gemacht. Besonders stolz war ich, als er 1966 bei meinem WM-Kampf gegen Muhammad Ali gemeinsam mit Joe Louis als Ehrengast am Ring saß.«

Karl Mildenberger
Ex-Europameister im Schwergewicht; WM-Herausforderer

»Jede Sportart entwickelt sich weiter, aber so wie Max Schmeling über das heutige Boxen noch denkt und wie gut er sich noch auskennt, ist schon beeindruckend. Ich habe Max Schmeling dreimal besucht, und ich muß sagen, es ist einfach nur schön, ihm stundenlang zuzuhören. Denn er ist eine starke Persönlichkeit, die auch im hohen Alter noch sagt, was sie denkt. Vor meinem Kampf mit George Foreman hat er mir noch ein Telegramm geschickt und mir Mut gemacht. Diese moralische Unterstützung bedeutet mir sehr viel und ist persönlicher, als wenn er zu meinen Kämpfen kommen würde.«

Axel Schulz
Schwergewichtsboxer

»Max Schmeling ist das Idol im Boxen, wie man es sich vorstellt. Er ist nach Amerika gegangen, um Weltmeister zu werden, hat um den Titel geboxt und ihn mitgenommen. Die ›Legende Schmeling‹ liegt aber in seiner Person und in seiner Persönlichkeit begründet. Er ist immer der geblieben, der er war: der ehrliche Mensch. Schließlich hat auch Schmeling nichts geschenkt bekommen. Mir hat er einmal erzählt, wie schwer es war, mit Coca-Cola ins Geschäft zu kommen, trotz des WM-Titels.«

Klaus-Peter Kohl
Box-Promoter; Manager von Dariusz Michalczewski

GEDENKBLATT
DER STIFTUNG DEUTSCHE SPORTHILFE
ZUM
75. GEBURTSTAG VON MAX SCHMELING
UND ZUM
50. JAHRESTAG DER ERRINGUNG DER
BOXWELTMEISTERSCHAFT

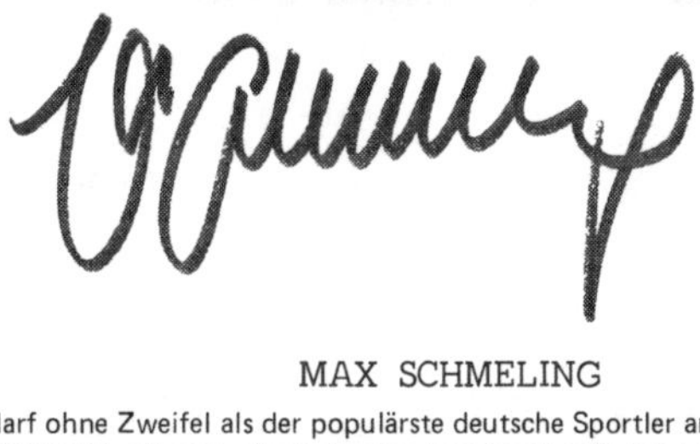

MAX SCHMELING

Max Schmeling darf ohne Zweifel als der populärste deutsche Sportler angesehen werden.
Er wurde am 28.9.1905 geboren. Nach kurzer Amateur-Laufbahn wurde er bereits als Neunzehnjähriger Berufsboxer. Seine Karriere dauerte bis 1948 an.
Bereits 1926 wurde er deutscher Meister im Halbschwergewicht, ein Jahr später bereits Europameister in der gleichen Gewichtsklasse. Aus Gewichtsgründen wechselte er 1928 ins Schwergewicht. Im Jahre 1928 begann er eine ausgedehnte Amerikareise, um mit den stärksten Boxern der Welt Kampferfahrung zu sammeln.
Am 12.6.1930 gewann er den Titel eines Schwergewichtsweltmeisters im Kampf gegen J. Sharkey durch Disqualifikation wegen Tiefschlags. Er verteidigte ein Jahr später seinen Titel erfolgreich gegen Y.Stribbling.
1932 verlor er die Weltmeisterschaft durch eine Punktniederlage gegen Sharkey. Einen unerwarteten Sieg errang er 1936 in dem bereits zur Geschichte gewordenen Kampf gegen den legendären und bis dahin ungeschlagenen Joe Louis. Gegen den gleichen Boxer verlor er am 22.6.1938 in einem Kampf um die Weltmeisterschaft nach zwei Minuten und einer Sekunde.
Seinen letzten Kampf bestritt Max Schmeling am 31.10.1948 in der Berliner Waldbühne.

»Das Wort ›Legende‹ wird meiner Meinung nach zu oft verwendet. Aber bei Max Schmeling kann man wirklich von einer Legende sprechen. Er ist in einer Zeit Weltmeister geworden, als der Sport noch gar nicht den Stellenwert und die Förderung hatte wie heute. Außerdem hat er mit seinem Sieg in Amerika eine Hierarchie durchbrochen. Aber nicht nur als Sportler, auch als Mensch genießt er meine Hochachtung. Er ist immer bescheiden geblieben, hat sein Leben ohne Zwischenfälle gelebt. Max Schmeling ist der größte deutsche Sportler aller Zeiten und ist den Anforderungen, die man an solch eine Person stellt, immer gerecht geworden.«

Manfred Wolke
Olympiasieger von 1968; Trainer von Henry Maske

»Max Schmeling ist eine wahnsinnig beeindruckende Persönlichkeit. Vor allem seine soziale Einstellung imponiert mir. Er hat eine Stiftung gegründet, in der er nur sein eigenes Kapital investiert. Er kontrolliert auch noch selbst, wo das Geld hinfließt, damit nichts in falsche Kanäle kommt. Überrascht war ich, was für ein hohes Ansehen er noch heute in den Staaten genießt. In Las Vegas, als wir dort im Frühjahr 1995 Axel Schulz vorgestellt haben, wurde eine Rede von Max Schmeling eingespielt. Die amerikanischen Journalisten standen spontan auf und applaudierten unserem Max.«

Wilfried Sauerland
Box-Promoter; Manager von Maske, Schulz und May

»Als Schüler begegnete ich ihm zum erstenmal in den zwanziger Jahren, im EM-Kampf gegen Delarge in Dortmund. Schmeling gewann, alle waren begeistert! Ich bin es bis heute, habe noch immer eine pennälerhafte Verehrung für ihn. Für den Kämpfer und für den Menschen. Er wußte immer, was er wollte. Er wußte auch, was er konnte. Immer gingen von ihm große Wirkungen aus, nie Affären. Wir haben seinesgleichen nie wieder gehabt, und es ist wohl auch heute noch kein Nachfolger in Sicht.«

Willi Daume (†)
Ehrenpräsident des Olympischen Komitees

»Für mich ist Max Schmeling das große Idol, dem ich immer versucht habe nachzueifern. Als mir vor Jahren einmal einer sagte: ›Fritz, du gehst den gleichen Weg wie Max Schmeling‹, machte mich das unheimlich stolz. Schon mein Vater war von Schmeling fasziniert. Beim ersten Kampf gegen Joe Louis warf er mich und meinen Bruder Ottmar nachts um drei wegen der Radio-Übertragung aus dem Bett. Und danach wurde der Ottmar wegen Max vom Vater in eine Box-Abteilung geschickt.«

Fritz Walter
Ehrenspielführer der deutschen Fußball-Nationalmannschaft

»Vom ersten Tag unserer Begegnung an, im Jahre 1925, hatte ich immer das Gefühl, als ob wir uns schon seit Jahren kennen würden. Max hat eine besondere Ausstrahlung. Besonders hervorzuheben ist die Gleichmäßigkeit seiner Lebensauffassung.«

Hans Frömming
erfolgreichster deutscher Trabrennfahrer

Tobias Drews

Als in Deutschland die Nacht zum Tag wurde

Ein gequält klingender Schrei durchschnitt die Luft des Yankee-Stadions in New York. Er kam unüberhörbar von einem der beiden Boxer, die sich dort vor 42 088 Zuschauern ein Duell lieferten, welches später in die Annalen des Faustkampfes als einer der dramatischsten und überraschendsten Kämpfe eingehen sollte.

Rrrums!

Die erste schwere rechte Gerade trifft den Kopf des einen Boxers. Er stolpert rückwärts, scheint schwer angeschlagen, beugt aber noch kein Knie. Sein Gegenüber setzt nach. Selbst schwer gezeichnet holt er zum entscheidenden Schlag aus.

Rrrums!

Wieder trifft die Rechte voll – jetzt gibt es kein Halten mehr. Nach diesem Treffer in der zwölften Runde erholt sich der schwer geschlagene Mann nicht mehr. Er wird vom Ringrichter angezählt. Ganz langsam scheinen die Sekunden zu verstreichen. »Eins, zwei, drei . . .« Ringrichter Arthur Donovan hält seine Finger unmittelbar vor das Gesicht des geschlagenen Mannes.

Ob er die Zahlen hört?

Ob er an den Fingern erkennen kann, wieviel Zeit ihm noch bleibt?

Ob er es wenigstens schemenhaft wahrnimmt?

»Sieben, acht, neun« . . .

Am Ring sind die Menschen längst aufgesprungen. Trainer und Betreuer rufen ihrem Mann nur einen Befehl zu: »Steh' auf! Steh' endlich auf!«

. . . und aus!

Das war's. Ende.

Donovan breitet die Arme aus, kümmert sich danach um den noch immer in einer anderen Welt schwebenden Mann am Boden. Erst jetzt – nach dem endgültigen Ende – reißt auch der Mann in der anderen Ecke die Arme zum Zeichen des Sieges hoch, um kurz danach ebenfalls seinem Kontrahenten wieder auf die Beine zu helfen.

Max Schmeling sah Louis zum erstenmal, als der am 13. Dezember 1935 in New York im Ring dem Spanier Paolino Uzcudun gegenüberstand.

»Als ich Louis in den vier Runden gegen Paolino kämpfen sah, war es mir klar, daß sein Aufstieg zu schnell gekommen

Kampf Joe Louis gegen Max Schmeling. Ringrichter Arthur Donovan zählt den am Boden liegenden Joe Louis aus.

war«, erzählte Schmeling später von seinem Gefühl vor dem Kampf. Louis sei boxerisch noch nicht geschliffen genug gewesen, und seine Erfolge beruhten – neben der außergewöhnlichen Schlagkraft – vor allem auf seinem schnellen Reaktionsvermögen. »Ich sah es deutlich, daß er seine Linke immer dann zu weit fallen ließ, wenn er sie, nach einem ausgeführten Schlag, wieder zur Deckung zurückzog«, erklärte Schmeling den Grund für seinen Optimismus, der auch zugleich die Basis für seine Kampfstrategie bildete.

Schmeling verließ die USA, um Weihnachten wieder zu Hause zu feiern. Vorher hatte er den Vertrag für einen 15-Runden-Kampf gegen Louis unterschrieben, der als Ausscheidungskampf um die Weltmeisterschaft gelten sollte.

Und sofort begann die amerikanische Presse, die Chancen für Schmeling auszuloten. Er habe sein Todesurteil unterschrieben, war zu lesen. Niemand gab ihm so recht eine Chance. Was wollte der alternde Schmeling dem explosiven Louis denn schon entgegensetzen?

Einzig Marlene Dietrich und der Europameister im Weltergewicht, Gustav Eder, gaben Schmeling mehr als nur eine Außenseiterchance. Eder bereitete sich zur gleichen Zeit in Amerika auf einen möglichen Kampf mit dem Weltmeister Barney Ross (USA) vor. Diese Einschätzungen waren mehr als nur nationale Loyalität mit dem rund zwanzig Kilo schwereren Berufskollegen. Eder hatte sowohl Schmeling als auch Louis in deren Trainingsquartieren besucht und sich während der Vorbereitungen eine eigene Meinung bilden können. Trotz seiner Prognose, die sich ja später als absolut zutreffend erweisen sollte, verlief Eders Amerika-Karriere nicht wie geplant. Denn der Ausnahmeathlet, der dreizehn Jahre lang das Weltergewicht in Deutschland als ungeschlagener Meister beherrschte und auch im Mittel- und Halbschwergewicht boxte, bekam den Kampf mit dem Weltmeister Ross nicht.

»Eder war stärker als Ross, er hätte ihn schlagen können«, ist noch heute die Meinung vieler Experten. Dennoch: Ross, der eigentlich Barnet David Rasofsky hieß, blieb Weltmeister im Weltergewicht und verlor von seinen 81 Profikämpfen nur vier. Er gewann neben dem Titel im Leichtgewicht auch noch die Meisterschaft im Halbweltergewicht und schaffte es ebenfalls, seinen Weltergewichtstitel nach einer Niederlage zurückzugewinnen. Der Amerikaner, der im Januar 1967 starb, wurde vor einigen Jahren in die Ruhmeshalle »Hall of Fame« aufgenommen. Eder wurde zwar der Sprung an die WM-Trophäe verwehrt, dennoch zählt er zu den besten Boxern, die Deutschland jemals hervorgebracht hat. In Zeiten von vier und mehr Weltverbänden und Weltmeistern pro Gewichtsklasse, wie es heute an der Tagesordnung ist, würde ein Boxer von der Klasse Eders mit den regierenden Champions Katz und Maus spielen.

Doch zurück zu Schmelings Kampfesvorbereitungen auf das Duell mit Joe Louis. Das Team Schmeling bezog Quartier in Napanoch, etwa 200 Kilometer von New York entfernt. Viele Journalisten schlugen ihre Zelte gleichwohl in Schmelings Quartier auf, damit sie nicht täglich zwischen New York und Napanoch hin- und herpendeln mußten. Zu den Trainings- und Sparringspartnern gehörten der Ire Mickey McAvoy und der aus Deutschland stammende Schwergewichtler Heinz Kohlhaas.

Louis hatte keine vier Wochen nach seinem Sieg über den Basken Uzcudun wieder im Ring gestanden: Er schlug in Chicago seinen Landsmann Charlie Retzlaff noch in der ersten Runde k.o. Danach hatte ihn sein Manager Jack Blackburn zur Seite genommen: »Joe, man soll nichts übertreiben. Was du jetzt brauchst, ist Ruhe und Entspannung, damit du neue Kräfte sammeln kannst.«

Bis April nutzte Louis die Zeit, spielte Golf und erholte sich. Erst Anfang April bezog er sein Trainingscamp in Lafayetteville, um erste Vorbereitungen für den Kampf mit dem Altmeister Schmeling zu treffen.

In der zweiten Maiwoche siedelte das Team Louis nach Lakewood über, wo sich der Naturbursche Louis mit dem Sägen und Spalten von Holz den letzten Schliff holen wollte.

Sechs Sparringspartner standen Louis in der Vorbereitung zur Seite, neben dem schnellen Halbschwergewichtler Roy Williams auch noch die kräftigeren Salvatore Ruggierello, Frankie Simms, Young George Godfroy, Red Boyette und Eddie Malcolm.

Beinahe täglich kamen viele Besucher aus New York City und den nahegelegenen Orten, um Louis beim Training zuzuschauen. An manchen Tagen hielten sich dreitausend Menschen im Camp des »Braunen Bombers« auf. Schon bald mußte Louis sein Training umstellen: Anfangs hatte er seinen Sparringspartnern 25 Dollar pro Tag bezahlt. Wegen der Schlaghärte wollten einige dafür aber höchstens eine Runde mit Louis im Ring stehen. Daraufhin wurde der Tarif auf 15 Dollar je überstandene Runde erhöht.

Zur Wiegezeremonie einen Tag vor dem Kampf erschien Schmeling – ohne Selbstverschulden – erst eine halbe Stunde später als vereinbart an der Waage, da ein plötzlicher und heftiger Gewitterschauer die Anfahrt erschwerte.

Joe Louis vertrieb sich die ungewohnte Wartezeit mit dem Spiel auf seiner Mundharmonika. Ein vorlauter Journalist schrieb daraufhin in seinem Bericht, daß Schmeling wahrscheinlich länger auf der Waage gestanden habe, als er das letztlich im Ring tun würde. Schmeling betrat den Wiegeraum, schritt schnellen Schrittes zur Wiegekommission und entschuldigte sich dabei nach allen Seiten. Gleichzeitig fühlte er die Anspannung der Anwesenden, so daß er unwillkürlich lächeln mußte. Mit diesem optimistischen Lächeln trat er Louis gegenüber, der neben der Waage auf das Eintreffen gewartet hatte und begrüßte ihn. »Ich hoffe, es wird ein guter Kampf«, sagte Schmeling, Louis auf die Schulter klopfend.

Sollte dieses Verhalten den sonst unerschütterlichen Louis etwa aus der Fassung gebracht haben? Die ärztliche Untersuchung jedenfalls ergab einen erhöhten Blutdruck bei Louis, was ja ein deutliches Indiz für Nervosität ist.

Das ruhige Auftreten Schmelings hatte jedoch auch auf die

Presse großen Eindruck gemacht. Das spiegelte sich in den letzten Zeitungsvorschauen wider, die durch die widrigen Wetterverhältnisse besondere Bedeutung erlangten. Da der Regen nicht aufhörte und die Wetterwarte dem Veranstalter Mike Jacobs keine positiven Veränderungen mitteilen konnte, wurde der Kampf um einen Tag verschoben.

Louis brachte 198 amerikanische Pfund auf die Waage, Schmeling war sechs Pfund leichter.

Das durch die New Yorker Baseballmannschaft, die »New York Yankees«, berühmt gewordene und nach ihr benannte Stadion bot 90 000 Menschen Platz und war bereits zu den Vorkämpfen

Eintrittskarte für den Kampf Joe Louis gegen Max Schmeling.

mit über 60 000 Menschen gefüllt, obwohl die offizielle Zuschauerzahl mit knapp über 42 000 angegeben wurde.

Seit Mitte der zwanziger Jahre ist das Stadion in Betrieb, und es ist heute die berühmteste Arena in den Vereinigten Staaten. An der besonderen Aura des Ortes haben nicht zuletzt die Boxer mitgewirkt, obwohl der »Vater« der Arena Baseballprofi Babe Ruth war. Der Spieler der »New York Yankees« war mit Abstand der populärste Baseballer und Homerun-Schläger in dieser uramerikanischen Sportart und unterhielt die Journalisten und Fans in gleicher Weise, wie es Muhammad Ali später im Boxen gemacht hat.

Schmelings Kampf um die Schwergewichtskrone über Sharkey war die zweite Weltmeisterschaft, die im Yankee-Stadion stattfand – nach Gene Tunneys erfolgreichem Kampf gegen Tom Heeney. Die Besucherzahl von 79 222 Zuschauern im ersten Duell des Deutschen mit dem Bostoner Boxer ist auch heute noch die höchste Besucherzahl der Arena. Den letzten Boxkampf sahen die »Yankees« übrigens 1976, als Muhammad Ali seinen Titel gegen Ken Norton verteidigte. Und auch Franz Beckenbauer atmete schon die berühmt-berüchtigte Luft in der ovalen Arena, als er für »Cosmos New York« das Fußballtrikot überstreifte.

Louis und Schmeling wurden als Börse jeweils dreißig Prozent der Nettoeinnahmen versprochen, so daß jeder 125 535 Dollar in Empfang nehmen konnte.

Die ersten drei Runden zeigten einen hervorragend eingestellten Schmeling, der zu Beginn auf Distanz blieb und seinen Gegner studierte. Aus dem Training hatte Schmeling eine kleine Verletzung am Auge mit in den Kampf genommen, war auch deshalb auf Vorsicht bedacht.

Erst in Runde drei wurde Louis stärker, drängte mehr auf einen Schlagabtausch. Kurz vor Rundenende stellte er Schmeling in den Seilen und beendete die Runde im Nahkampf.

Die vierte Runde brachte schon eine Art Vorentscheidung: Beide Boxer trafen sich in der Mitte des Ringes. Eine Linke von Louis traf Schmeling am Backenknochen. Der Amerikaner griff an, wollte den Kampf nun an sich reißen. Schmeling konterte mit Haken, die jedoch wiederum keine Wirkung hinterließen. Im Rückwärtsgang traf Schmeling mit einer rechten Geraden, mußte im Gegenzug allerdings oft die lange Linke »schlucken«.

Plötzlich war Max da, durchschlug die Deckung von Louis und setzte ein wahres Feuerwerk von rechten Geraden. Er ließ nicht locker und schlug Louis mit einem dieser knallharten Schläge zu Boden!

Zum erstenmal in seiner Karriere war Louis derjenige, der sich auf dem Ringboden wiederfand.

Atemlose Stille in der Arena.

Eine Sensation bahnte sich an.

Louis schilderte die Situation, in der der rechte Haken Schmelings ihn traf, später so: »Er traf mich wie ein jäher Blitzschlag. Schmeling hatte mein Kinn getroffen. Ich sah Sterne vor den Augen, obwohl kein einziger am Himmel stand. Unsicher taumelte ich vor Schmelings Fäusten herum. Dann krachte noch eine Rechte gegen meine Kinnbacke. Ich war wie geblendet und sank auf die Bretter. Alles schwamm mir vor den Augen. Ich sah die Dinge wie durch einen dichten Nebelschleier. Qualvolle Gedanken jagten durch mein Hirn.

Es konnte nicht möglich sein, daß ich am Boden lag!

Es konnte einfach nicht sein, es war ein Ding der Unmöglichkeit! Ich war doch immer derjenige gewesen, der die andern zu Boden geschlagen hatte, einen nach dem andern. Noch niemals war ich so schwer getroffen worden.

Hatte ich nicht den Riesen Carnera umgehauen, den starken Max Baer, Uzcudun, Levinsky?

Wie konnte es möglich sein, daß mich nun dieser Mann aus Deutschland zu Boden schlagen konnte?

Werde ich wieder hochkommen?

Werde ich mich noch revanchieren und den Kampf vielleicht doch noch gewinnen können?

Werde ich meine Anwartschaft auf den Titel verlieren?

Was wird Mutter, was meine Frau Marva denken?«

Ringrichter Arthur Donovan hat gerade bis drei gezählt, da steht Louis wieder – wenn auch auf wackeligen Beinen. Wenige Sekunden später schickt der Unparteiische die beiden Kämpfer in ihre Ecken – die Schlußsirene der Runde ist im ohrenbetäubenden Lärm der Zuschauer untergegangen.

»Du hast ihn jetzt in der Hand«, sagte Schmeling-Trainer Machon in der Rundenpause zu Schmeling, »und den Sieg auch. Nicht leichtsinnig werden! Laß dir Zeit! Denk daran, daß er immer noch genügend Kraft hat, um eine Entscheidung zu erzwingen.«

Schon in der nächsten, der fünften Runde, schien sich Louis vom ersten Niederschlag seiner Profikarriere gut erholt zu haben. Er wollte Revanche nehmen, ging sofort in die Offensive, doch wurde wiederum von Schmelings Rechter gekontert.

»Was ist da nur im Ring los?« fragen sich viele der Zuschauer.

Sollte es nicht Schmeling sein, der im Ring herumtorkelt, nachdem Louis ihn hart getroffen hat? Und statt dessen war der »Braune Bomber« wiederum angeschlagen und stand auf wackeligen Beinen.

Die Schläge von Louis hatten nicht mehr die Kraft, und sein linkes Auge schloß sich zusehends. Max boxte sehr konzentriert, setzte noch nicht alles auf eine Karte. Ein weniger erfahrener Boxer hätte in dieser Phase des Kampfes versucht, den »Sack zuzumachen«, den Kampf – wenn auch mit roher Gewalt – zu beenden, und wäre Gefahr gelaufen, blind in einen gefährlichen Konter zu laufen.

Statt dessen nahm sich Schmeling von der immer noch

Max Schmeling (rechts) im Kampf mit Joe Louis . . .

gefährlichen Linken Louis' in acht. Nicht umsonst hatten ihn seine Betreuer an die damals noch nicht so alte Boxerweisheit erinnert: »Angeschlagene Boxer sind am gefährlichsten.«

Die darauffolgenden Durchgänge waren geprägt von einem angreifenden Schmeling und einem Louis, dem zusehends die Kräfte schwanden.

Hinter den Schlägen des Bombers saß längst nicht mehr der gewohnte Druck.

Dann die zwölfte und letzte Runde des Kampfes:

Max deckte Louis mit einer ganzen Serie seiner Rechten zu. Er trieb ihn in seine Ecke und an den Seilen entlang. Der gefürchtete Amerikaner hing hilflos in den Seilen, kam aber noch einmal in die Mitte des Ringes. Da streckte ihn eine harte Rechte Schmelings zu Boden.

Der »Braune Bomber« sank auf die Knie und konnte sich noch halb am Ringseil festhalten.

Dann fiel er auf den Ringboden. Mit dem letzten Funken

... und das Ende: Joe Louis geht zu Boden.

Willen vesuchte er nochmals aufzustehen, fiel dann aber hintenüber und rollte auf seinen Bauch, während sein rechter Handschuh stützend hinter seinem Kopf lag.

So lag er regungslos, während er ausgezählt wurde.

Zum erstenmal in seiner Karriere.

»Das Zählen des Ringrichters drang nicht völlig zu mir durch. Es hörte sich an, als ob jemand in einem großen, leeren Raum flüstert«, erinnerte sich Louis später.

Schmeling sprang im Moment seines größten sportlichen Triumphes in die Luft und jubelte.

Das Unglaubliche hatte stattgefunden. Der hochgelobte neue Superman des Boxens war k.o. gegangen.

Der ebenfalls vom Kampf gezeichnete Schmeling wurde von 15 Polizisten zu seiner Kabine begleitet. Auf dem mehrere hundert Meter langen Weg hatten die Beschützer alle Hände voll zu tun, Schmeling vor den anstürmenden Gratulanten zu sichern. Jeder wollte einmal den Mann aus der Nähe sehen, der Joe Louis geschlagen, nein, besiegt hatte.

Für Schmeling änderte sich nun einiges. Er wurde in Deutschland als neuer Held empfangen.

Im Luftschiff Hindenburg war ein Platz für die Rückreise gebucht worden, Propagandaminister Joseph Goebbels gehörte zu den ersten Gratulanten, und es warteten mehr als tausend Menschen, als er in Frankfurt am Main landete.

Kurz danach kam der neu vertonte Kampffilm unter dem Titel »Max Schmelings Sieg – ein deutscher Sieg« in die Kinos.

»Ich mußte alle meine Kraft aufwenden, um ihn k.o. zu schlagen«, erinnerte sich Schmeling nach dem großen Sieg, »ich glaube, daß es gut ist, zu Beginn der Karriere einmal zu verlieren. Bis zu dieser Zeit machte die amerikanische Presse einen Gott aus Joe Louis. Und auch Joe glaubte, er sei unbesiegbar.«

Wer sich zu dieser Zeit schon auf sein Glück bei Wetten verlassen hatte, konnte beim Duell der beiden viel Geld verdienen (oder verlieren). Der Amerikaner kletterte als 8:1-Favorit in den Ring, und die Quote stieg gar auf 10:1 dafür, daß Max es nicht gelingen würde, auch nur einen Wirkungstreffer zu landen. Wer darauf setzte, daß Schmeling die ersten vier Runden nicht überstehen würde, kam in den Genuß einer 15:1-Quote.

Kaum jemand nahm in den Minuten und Stunden nach dem dramatischen Kampf Notiz von Joe Louis. Der geschlagene Krieger wurde von einer seiner hemmungslos weinenden Schwestern gestützt, als er den Ring verließ.

Die linke Seite seines Kinns war beinahe auf die Größe einer Melone angeschwollen, und beide Hände hatten Blessuren. Der Daumen der linken Hand und die Knöchel der rechten Hand waren in Mitleidenschaft gezogen worden. Das Gesicht unter einem großen Strohhut versteckt, wurde Louis von seinen Betreuern aus dem Yankee-Stadion geschleust.

In seinem Hotel im Stadtinnern hatte der junge Athlet große Schwierigkeiten, mit den Gefühlen der so dramatisch veränderten Situation klarzukommen. Es war unvorstellbar für ihn, daß er durch K.o. verloren hatte. Er konnte es nicht glauben, daß ein anderer Boxer es geschafft hatte, ihn dermaßen zu verprügeln und ihn so zuzurichten.

24 Stunden später wurde Louis in das Theresa-Hotel im Stadtteil Harlem gebracht. »Joe ließ niemanden an sich heran – keine Freunde, keine Journalisten, niemanden. Ich legte ihm abwechselnd heiße und kalte Kompressen auf sein zerschundenes Gesicht, alle Mahlzeiten wurden uns aufs Zimmer gebracht. Joe wirkte auf mich wie ein gebrochener Mann, sowohl psychisch als auch physisch. Er legte sich voll angezogen aufs Bett und lag regungslos da wie eine Mumie. Er konnte sich diese Niederlage nicht erklären«, so Ehefrau Marva. Sie war die einzige, die in den bitteren Stunden ein wenig Trost zu spenden versuchte.

Louis verstand nicht, was ihm da im Ring widerfahren war. Genauso ging es seinen Fans. Wie um alles in der Welt war es möglich, daß der Mann besiegt werden konnte, über den Jack

Dempsey gesagt hatte: »Ich bin froh, daß ich nicht gegen ihn antreten muß.«

»Irgendwas war nicht in Ordnung«, befand Louis-Trainer Blackburn, »niemand trifft Joe so einfach mit so vielen harten Schlägen, wenn er in Normalform ist. Ich glaube, er verletzte sich in der zweiten Runde die Führungshand. Aber er erwähnte uns gegenüber nichts davon – er redet in den Pausen ja nicht. Aber irgend etwas muß gewesen sein, denn Joe war einfach nicht er selbst.«

Sogar die Schulkinder hatten ihre eigenen Theorien. Ein Journalist besuchte eine Grundschule in New York, um zu hören, was die Kinder dort über den Kampf dachten. Die Kinder erklärten den Kampfausgang wie folgt: »Schmeling hat Louis gefoult«, oder »Hitler hat das Essen von Joe Louis vergiftet.«

Klar war für sie, daß es sich nicht um einen fairen Kampf gehandelt haben könnte. Denn wäre es ein fairer Kampf gewesen, hätte ihr Held, Joe Louis, gewinnen müssen. Mit gleicher Sicherheit, so erinnerte sich der besagte Journalist auf der Beerdigung von Louis, erklärten die Kinder, daß »beim nächstenmal Joe den Deutschen Schmeling besiegt und so die Ehre Amerikas rettet.«

Es gab nur drei Dinge, über die sich die Kinder in Hollis, New York, sicher waren: Franklin Roosevelt würde die Wirtschaft stabilisieren, Joe DiMaggio würde den Rekord von Babe Ruth im Baseball übertreffen und Joe Louis würde sie vor den Deutschen beschützen.

Auch andere Journalisten waren verwirrt. Grantland Rice von der »New York Sun« schrieb: »Bleibt die Feststellung, daß der Kämpfer, der von Max Baer k.o. geschlagen wurde, der eine Punktniederlage gegen Sharkey verzeichnete, der sich nur knapp gegen Paolino Uzcudun in den beiden letzten Kämpfen durchsetzen konnte, der schwer gezeichnet und vorzeitig von Steve Hamas in Philadelphia geschlagen wurde, es schaffte, Joe Louis wie einen Amateur erscheinen zu lassen. Schmeling hatte den Kopf und das Herz, um hier zu gewinnen.« Andere Boxexperten hatten andere Theorien. Mit erst 22 Jahren und erst zwei Jahren Profierfahrung sei Louis zu unerfahren gewesen oder eben einfach zu selbstsicher von einem schnellen und vorzeitigen Ende ausgegangen. Und die, die ohnehin nie gerne zugeben wollten, daß Louis ein würdiger Vertreter der Schwergewichtsszene war, fühlten sich in ihrer Meinung bestätigt. »Schmelings Sieg ist das beste, was dem Boxen seit langer Zeit passiert ist«, sagte Jack Dempsey und ging dann mit Louis hart ins Gericht: »Wen hat Louis schon besiegt? Baer war zu Tode erschrocken. Uzcudun und Carnera – naja. Die große Seifenblase ist letzte Nacht geplatzt. Nun wird Louis von jeder zweitklassigen Flasche im Land seine Tracht Prügel beziehen.«

Ganz egal, wieviel Wahrheit in jeder dieser Aussagen auch stecken mochte: Oftmals ist die plausibelste Erklärung auch gleichzeitig die einfachste: Max Schmeling war physisch und psychisch in der betreffenden Nacht einfach besser vorbereitet. In den zwei vorherigen Jahren hatte Louis 27mal im Ring gestanden. Während dieser Zeit, die nur aus dauerndem Training und Kämpfen bestand, wurde der junge Athlet zu einem Held der schwarzen Bevölkerung in den Vereinigten Staaten. Er hatte es geschafft, sich von einem Tageslohn von fünf Dollar zu einem Verdienst von 240 000 Dollar an einem Abend hochzuboxen. Wie eine Sternschnuppe war der Erfolg von Louis beinahe über Nacht gekommen.

Schauspieler, Sportclubbesitzer und Politiker zeigten sich mit ihm, schmückten ihre Parties mit ihm und ließen sich zusammen mit ihm fotografieren. Plötzlich war Joe überall bekannt und populär. Nach dem Kampf gegen Retzlaff im Januar 1936 erntete Louis die Früchte seines kometenhaften Aufstiegs. In den vier Monaten, bevor er das Trainingsquartier für den Schmeling-Kampf bezog, freute sich Joe einfach am Leben und dessen angenehmen Seiten.

Im Trainingscamp in Lakewood, New Jersey, konzentrierte

sich Louis nicht aufs Boxen und auf die wichtige Vorbereitung, es glich eher einem großen Volksfest. Am Eingang stand ein überdimensionales Schild: »Hier trainiert Joe Louis.« Mit Pfeilen wurde den Besuchern der Weg zum Boxring gewiesen. Zwischen den Trainingseinheiten spielte Louis Golf, eins seiner neuesten Hobbies. Und auch Frauen, denen früher der Zugang verboten war, gehörten zu den täglichen Zuschauern.

Um Louis an seine eigentliche Aufgabe zu erinnern und ihn wegzubekommen vom Golf und den Starlets, bat Trainer Roxborough Joes Frau Marva, jeden Tag zum Trainingscamp zu kommen. In vorangegangenen Trainingsquartieren war auch ihr der Zugang verwehrt geblieben. Doch der Boxer schlug die ständigen Ermahnungen seiner Trainer und Freunde in den Wind.

Zum erstenmal in seiner noch jungen Karriere nahm Joe sein Schicksal selbst in die Hand. Und das rächte sich im Kampf mit Max Schmeling. Blackburn hatte das Problem mit dem Golfspiel erklärt: »Wenn du mit einem Golfschläger arbeitest, verwässerst du deine Schlagtechnik und zerstörst deinen Rhythmus.« Beim Golf benutzt man eine gleichmäßige Kreisbewegung, während es beim Boxen auf die Stoßkraft ankommt. Wenn man erst die neue Bewegung verinnerlicht hat, kommen die Schläge nicht mit derselben Genauigkeit.

»Für Joe war das eine wichtige Erfahrung. Ein zweitklassiger Boxer in guter Verfassung wird immer einen schlecht vorbereiteten erstklassigen Boxer schlagen«, zog Billy Conn, der selbst zweimal gegen Joe Louis k.o. gegangen war, eine allgemeine Bilanz. Der Knockout zwang Louis zum Umdenken. Auch wenn er sich körperlich recht schnell von der Niederlage erholt hatte, so wirkte er doch niemals mehr überheblich.

Pressestimmen

»New York Journal«:
Silver-City, Neu-Mexiko, 21. 6. 36.
»Als Schmelings Sieg über Joe Louis hier bekannt wurde, ließ Reverend Art. Palmer in seiner Kirche die Glocken läuten.«

»New York Post«, 20. 6. 36 (Leserbrief)
»Dear Sir,
wir erwarten ein Baby, wenige Tage nach dem Schmeling-Kampf. Meine Frau glaubt an Louis' Sieg, ich an Max. Wenn sie gewinnt, soll unser Erstgeborenes Joe und, falls es ein Mädel ist, Marva heißen. Gewinne ich, dann heißt es Max oder Anni.«
Mr. und Mrs. L. Sanchez, Manhattan.

»Petit Parisien«:
»Es war nicht der erwartete leichte Sieg des Negers, wie ihn die Box-Kritiker vorausgesagt, es war auch nicht ein Zufallstreffer, der Schmeling die Entscheidung brachte, sondern es war ein sehr harter und verhältnismäßig ausgeglichener Kampf.«

»Excelsior«:
»Der Kampf war eine riesige Überraschung für Joe Louis. Er wird nie geglaubt haben, daß ein Mann von 30 Jahren so gefährlich schlagen und so zäh sein würde.«

»L'Intransigeant«, Paris:
»Schmeling lieferte den größten Kampf seines Lebens.«

»Paris Midi«:
»Louis war bereits in der 4. Runde, als ihm eine schwere Rechte Schmelings jedes Selbstvertrauen und alle Übersicht raubte, ein geschlagener Mann.«

»Sport«, Zürich:
»Aus dem geweissagten Blitzsieg Joe Louis' wurde eine Niederlage, nicht durch einen Zufallstreffer, sondern durch wohlbedachte Zermürbung, die ihr Gegenspiel in dem Kampf Schmeling – Paolino 1928 hatte und dem Deutschen damals den Weg zu den höchsten Ehren des Boxsports ebnete. Freilich, das ganze verwirrende Trommelfeuer, das wochenlang über unsere Köpfe niederging, stammte aus Amerika, aus dem Land, das aus Reklame und ›Publicity‹ eine Hauptsache gemacht hat, hinter der der Wert oder Unwert des angepriesenen Artikels ins völlig Nebensächliche hinuntersinkt. Unsere Gewährsleute sahen einen Mann, der von entscheidendem Sieg zu entscheidendem Sieg eilte und sahen eben darum jeden weiteren Kampf auch schon entschieden. Schmeling? Ein Nichts! Braddock? Noch weniger! Die deutsche Heimat Max Schmelings, in propagandistischen Dingen gewiß nicht unerfahren, hat sich bei der Abwägung der Möglichkeit einer vornehmen Zurückhaltung beflissen. Sie darf sich darum doppelt ihrer Freude über den Erfolg hingeben, über einen Erfolg, der ganz anders gewertet werden wird als Schmelings Weltmeisterschaftssieg über Jack Sharkey durch Disqualifikation.«

»Idrottsbladet«, Stockholm:
»Die größte Überraschung der Boxgeschichte. Max Schmelings fünffacher Treffer setzte Louis in der 12. Runde k.o., raubte einer interessierten Welt den Atem, den Boxexperten dazu, gab ihm 80 Prozent Aussichten für die zweite Weltmeisterschaft und die Chance, der erste zu sein, der sie erneut erobert.«

»Dagens Nyheter«, Stockholm:
»Schmeling ist ein Phänomen.«

»Nya Dagligt Allahanda«, Stockholm:
»Der Deutsche kämpfte wie ein Tiger.«

»Gazetta dello Sport«, Mailand:
»Die Bestürzung über den Sieg Schmelings in der amerikanischen Presse war riesengroß. Schmeling beherrschte den Kampf von Anfang an und war gut genug, um den schwachen Punkt des Negers zu entdecken. Als er ihn wußte, feuerte er so lange auf Louis ein, bis der am Boden lag.«

»Stampa Sera«, Turin:
»Während Louis bereits die Runde festlegte, in der er Schmeling schlagen wollte, hat der Deutsche geschwiegen und gearbeitet.«

»The New York Sun«, 20. Juni 1936:
»Es war unglaublich, aber es war wahr! Es war phantastisch, aber es war großartig! Schmeling kam eintausend Meilen und sechs oder sieben Jahre zurück, und er erreichte als Kämpfer eine größere Höhe als er je vorher gekannt hatte . . . Niemand schaute mehr auf Joe Louis. Der Mythos war zerstört, und übrig blieb – ein zerschlagener und gebrochener Mann.«

»New York Post«, 20. Juni 1936:
»Als Joe Louis gestern in den Ring kletterte, fand er einen ruhigen, stolzen, lächelnden, ihn gering schätzenden Gegner. Wenn Max Schmeling wußte, daß er vernichtet werden sollte, und er mußte es bei den Wetten von 12:1 gegen ihn wissen, dann spielte er offensichtlich den kühl Überlegenen. Er sah Louis an, als wollte er sagen: ›Mag sein, daß du mich schlagen kannst, aber du wirst nie meinen Respekt gewinnen. Ich habe keine Angst vor dir, und du kannst niemals mein Besieger werden, weil ich mich von dir nicht besiegen lassen will!‹ – Joe

schaute Max an, und ich sah seine Absätze auf den Ringbelag trommeln. Er fühlte sich diesem Mann nicht gewachsen, er wurde unter dem Blick des Deutschen nervös ... Manche Leute werden Ihnen erzählen, daß man Boxkämpfe mit Schlägen gewinnt und nicht mit Komplexen und Willenszauber. Glauben Sie das nur mit Einschränkungen! Der Geisteszauber des Kämpfers macht volle fünfzig Prozent eines Kampfes aus!«

»New York World«, 20. Juni 1936:

»Eines Tages wird die Sphinx reden, die Pyramiden werden zusammenstürzen, die Wasser des Ozeans werden stillstehen, und sehr wahrscheinlich werden die Wissenschaftler in der Lage sein, das Phänomen zu erklären.

So etwas Ähnliches geschah gestern abend im Yankee-Stadion, und heute können Sie von der größten Überraschung in der Geschichte des Boxsports lesen und davon, daß das Unmögliche geschah und daß der Verurteilte seinen Henker hinrichtete. Wir Sportschreiber kleideten Joe Louis in die gleißenden Gewänder der Unbesiegbarkeit. Wir beförderten ihn zum Superfighter, wir nannten ihn den Braunen Bomber, den schwarzen Zerstörer, die menschliche Python. Wir beobachteten ihn mit unseren Augen, welche wir für wissend hielten, länger als ein Jahr. Wir sahen ihn starke, gesunde Männer, deren Leistungen im Ring unseren Respekt verdient hatten, aus dem Ring fegen. Männer wie Carnera, Levinsky, Baer, Paolino und Retzlaff zitterten bei seinem Anblick, gaben sich geschlagen. ›Der größte Schwergewichtler aller Zeiten!‹ So bezeichneten sie Louis, obwohl der noch gar keinen Titel gewonnen hatte. Lebte je ein Schwergewichtler, der Fuß an Fuß mit ihm stehen konnte und das überstand? Nun, möglicherweise Dempsey. Und sogar der war selber nicht sicher. ›Es würde auf den ersten Schlag ankommen‹, meinte Jack und ergänzte, ›ich bin froh, daß ich nicht gegen ihn anzutreten brauche.‹

Zum ersten Male, seit man ihn zur Spitzenklasse zählte, traf

Der Heimkehrer

Anny Ondra-Schmeling: „Maxe! Du hast Schwein gehabt, daß du sooo nach Hause kommst!"

der junge Detroiter gestern einen Mann, der keine Angst vor ihm hatte. Zum ersten Male traf er einen, der nicht nur tapfer war, sondern auch willens, Schläge mit ihm auszutauschen. Zum ersten Male stand ihm einer gegenüber, der über seine angebliche Unbesiegbarkeit lachte. Wenn ihr nach den großen Sporthelden ausschaut, dann könnt ihr den Namen dieses Deutschen in flammenden Buchstaben schreiben!«

»Evening Standard«, London:
»Louis hat keine Entschuldigung für sich und wurde fair und ehrlich geschlagen.«

»The World«, New York:
»Louis versagte in seiner ersten Prüfung. Er mußte eine der schwersten Niederlagen einstecken, die jemals einem Schwergewichtler zuteil wurden.«

»Daily News«, New York:
»Es war ein fürchterlich harter Kampf mit Serien schwerster Schläge. Louis wurde erbarmungslos vernichtet.«

»Daily Mirror«, New York:
»Schmeling hat uns begeistert. Er ist und bleibt der Welt vollkommenster Schwergewichtler.«

Tobias Drews

Joe Louis – der Mann mit den zwei Gesichtern

Joe Louis: So kurz der Name auch ist, so unspektakulär er sich anhört und so häufig er im englischen Sprachgebrauch auch sein mag: für jeden Boxfan überall auf der Welt hat dieser Name einen ganz besonderen Klang. Nahezu jeder Schwarze und die meisten der weißen Amerikaner wissen, wer dieser Joe Louis war. Sie kennen sein Gesicht, seine Stimme, seine Erfolge im Boxring, seine Familie und seine Lebensgeschichte, die so klar die Bestrebungen aller Schwarzen widerspiegelt, die es auch zu etwas bringen wollten.

Joseph Louis Barrow, so sein bürgerlicher Name, mag kein so eleganter Boxstilist wie Muhammad Ali gewesen sein, aber er trug auf seinen vergleichsweise schmächtigen Schultern die Hoffnung einer unterdrückten Minderheit, aber auch eines ganzen Landes. Louis war mehr als nur ein Sportler, er war ein Idol, das Hoffnung gab. Und er unterstrich die Meinung seiner Lehrer in der Schule, die ihm bescheinigten, daß er allein auf seine Hände angewiesen sein werde, wenn er es zu etwas bringen wolle.

Joe Louis kam am 13. Mai 1914 in den Buckalwe Mountains, nahe Lafayette (US-Bundesstaat Alabama), auf die Welt. In dieser Region lebte man vom Baumwollanbau, ein recht einträgliches Geschäft zu Beginn des Jahrhunderts. Es gab zwei Wege für die schwarze Bevölkerung im Süden der Vereinigten Staaten, eine Baumwollfarm zu bewirtschaften. Man konnte das Land als »Sharecropper« nutzen, bekam eine mehrere hundert Morgen große Farm mit einem Haus und einem Esel bzw. einem Pferd vom Besitzer gestellt. Die Hälfte des Ertrages mußte dafür dem Besitzer übergeben werden. Alle sonstigen

Kosten wie Arbeitsmaterialien oder Kleidung und Nahrung mußten selbst getragen werden. Am Ende blieb meist nur wenig oder gar nichts übrig.

Die andere Möglichkcit bestand darin, das Land gleich zu pachten. Dafür mußte dann jedoch dem Besitzer ein 500-Pfund-Ballen Baumwolle gegeben werden, und auch hier waren alle Kosten selbst zu tragen. Da man bei dieser Variante eine größere Unabhängigkeit und mehr Privilegien hatte, entwickelte sich das Pachten zur bevorzugten Entscheidung. Aber da es nur in den wenigsten Fällen schriftliche Verträge gab, ließen die Besitzer die Pächter nur höchst ungern zu Reichtum kommen, so überwogen auch hierbei letztlich die Schwierigkeiten.

Das System war zum Scheitern verurteilt, gab Anlaß zu Mißtrauen, und die schwarzen Arbeiter empfanden ihre Situation bald als hilf- und hoffnungslos. Aus diesem Grund entstand eine ständige Fluktuation der Schwarzen von einer Farm oder Plantage zur nächsten. Im Jahre der Geburt von Joe Louis hatten seine Eltern – Lillie Reese Barrow und Munroe Barrow – gerade ein Stück Land in Chambers County gepachtet. Sie beackerten eine 25 bis 30 Morgen große Fläche, die halb mit Baumwolle und halb mit Mais bepflanzt war. Sechs andere Geschwister wohnten mit in dem Holzhaus, als der kleine Joe zur Welt kam. Fünf Monate später zog ein verwaister Cousin, Turner Shealey, mit zu den Barrows. Nur ein Jahr später gebar Lillie Barrow die letzte Tochter, Vunies.

Die älteren Kinder halfen den Eltern bei der Arbeit auf dem Feld, die etwas jüngeren machten andere Hausarbeiten, und die jüngsten blieben im Hause. So kam es auch, daß die älteren Geschwister so etwas wie Ersatzeltern für die ganz kleinen wurden.

Joes Vater wurde in der Zeit zwischen 1906 und 1916 wegen einer Geisteskrankheit immer wieder ins Krankenhaus eingeliefert. Manchmal blieb er nur einige Wochen bei seiner Familie, manchmal Monate. Nach der Geburt von Vunies wurde er bis an sein Lebensende in die Psychiatrie gesteckt. Die Mutter heiratete später einen Witwer, der zu den acht vorhandenen Kindern nochmals neun eigene mit in die Ehe brachte. Dennoch litten die Barrows keine materielle Not, da der neue Mann als »rechte Hand« eines reichen weißen Ingenieurs ziemlich gut verdiente. Die Familie zog später nach Detroit, und Joe begann neben der Schule ein wenig Geld zu verdienen. Erst arbeitete er auf dem Markt, wo er für 50 Cent am Tag das Papier von den Früchten entfernte und beim Verkauf half, danach half er mit einem Freund einem Eishändler bei der Auslieferung. Im Sommer brachten sie den Leuten Eis ins Haus, im Winter Kohle. Dafür bekam Louis einen Dollar pro Tag, sein viel kleinerer Freund erhielt nur 50 Cent, denn es wurde nach Größe bezahlt.

Die Mutter wollte ihren Kindern eine gewisse Grundbildung bieten, auch wenn dies Sparen bedeutete. So nahm Joes Schwester Vunies Klavierunterricht, und Joe wurde zum Geigenunterricht geschickt. Die Mutter zahlte 50 Cents pro Woche für den Lehrer, und Joe ging einmal wöchentlich zum Üben – dachte die Mutter. In Wirklichkeit fand Joe überhaupt keinen Gefallen an seiner Geige und ging statt dessen zum Boxen. Dieses »Doppelleben« wurde erst entdeckt, als der Geigenlehrer bei der Mutter auftauchte und fragte, wo Joe denn die letzten Wochen gewesen sei. Der Verärgerung über das Fehlverhalten ihres Sohnes folgte bald die Einsicht: »Wenn du unbedingt Boxer werden willst, dann werde gefälligst der beste!«

Mit dem Beginn seiner Karriere änderte sich auch sein Name. Aus Joe Louis Barrow wurde einfach Joe Louis. Als er nämlich das Formular für seinen ersten Amateurkampf ausfüllte, geriet ihm die Schrift zu groß, und es paßte nur »Joe Louis« in das Feld. Der Betreuer beruhigte ihn und meinte: »Mach' dir keine Sorgen um das Barrow – Joe Louis wird reichen.«

Louis war entgegen vielen anderslautenden Behauptungen kein Straßenkämpfer gewesen. Er gehörte keiner Straßengang an, war vielmehr ein ruhiger und besonnener Junge. »Ich habe nie verstanden, wie aus ihm ein solch hervorragender Boxer geworden ist, als Kind mochte er keine Kämpfe, ging ihnen sogar aus dem Weg«, erinnerte sich Schwester Vunies.

Seine ruhige Natur ergab sich zum Teil aus einer Sprachbehinderung, die er nie ganz ablegen konnte. Manchmal klang es, als ob er den Mund voll Murmeln hätte, wenn er sprach. Auch dachte er immer sehr intensiv nach, bevor er eine Entscheidung traf, und las jeden Abend vor dem Einschlafen die Tageszeitung. Und er hatte Humor. Nicht jedermanns Geschmack vielleicht, aber trotzdem. »Er ärgerte gerne unseren Stiefbruder Pat, der einen anfälligen Magen hatte. Joe liebte Süßigkeiten und Nachspeisen, und wenn unsere Mutter ein leckeres Dessert gemacht hatte, sagte Joe immer etwas wie ›im Garten habe ich eine fürchterlich dicke Ratte gesehen‹. Pat mußte dann immer gleich ins Badezimmer rennen, und Joe bekam sein Dessert«, erinnerte sich Vunies Barrow.

Als Amateurboxer mußte Joe gleich gegen erfahrenere Boxer antreten, denn zur damaligen Zeit wurde kaum nach Alter oder Erfahrung eingeteilt. Gleich im ersten Kampf traf er auf Johnny Miler, der als Halbschwergewichtler 1932 an den Olympischen Spielen teilnehmen sollte. Miler schlug Louis in zwei Runden siebenmal zu Boden. Doch diese Tracht Prügel demoralisierte den Anfänger nicht. Im Gegenteil. Er verschärfte sein Training und gab sogar seinen Job bei den Ford-Werken auf, um sich von nun an vollkommen auf das Boxen konzentrieren zu können. Die nächsten vierzehn Kämpfe gewann Joe durch K.o.

Für jeden seiner Siege erhielt er Wertgutscheine, die er seiner Mutter weitergab. Louis' Trainer Walter Smith legte in dieser Zeit den Grundstein für die weitere Karriere des späteren Superstars. »Joe mußte als Halbschwergewichtler mit Mittelgewichtlern und Weltergewichtlern Sparring machen. Dadurch bekam er schnelle Hände und war später als Schwergewichtler schneller als seine Kontrahenten«, erinnerte sich Smith.

Schon damals entwickelte Louis zwei Spezialschläge: den linken Haken und die linke Führhand. »Wir nannten seine Schläge FAH – ein linker Haken zum Körper und ein rechter Cross zum Kopf. Wenn man sich nicht vor beiden in Sicherheit bringen konnte, saß man ›flach auf dem Hintern‹. Dafür stand die Abkürzung.«

Im Jahre 1934 startete Joe Louis seine Profikarriere. John Roxborough und Julian Black, die auch schon in seiner letzten Zeit als Amateur für ihn verantwortlich waren, heuerten als Trainer John Blackburn an. Blackburn hatte selbst als Leichtgewichtler zu seiner besten Zeit zwischen 1903 und 1909 beinahe wöchentlich im Ring gestanden. Doch zuerst wollte Blackburn nichts mit Louis zu tun haben. Zwar hatten beide dieselbe Hautfarbe, doch meinte Blackburn: »Du kannst mit einem Farbigen nichts erreichen. Es gibt dir niemand eine Chance.« Doch nach dem ersten Treffen änderte Blackburn seine Meinung und nahm den jungen Rohdiamanten unter seine Fittiche. Es entwickelte sich ein sehr harmonisches Gespann. Beide nannen sich nicht beim Vornamen, sondern jeder rief den anderen beim Kosenamen »Chappy«.

Blackburn hatte im Boxen andere Zeiten erlebt als die, die nun vor Joe Louis lagen. Vieles was damals im Ring geschah, war unfair und illegal. Blackburn trug im Ring immer vier Nummern zu große Stiefel, damit er sein Geld mit in den Ring nehmen konnte. Tat er es nicht, waren seine Manager oder Trainer nach dem Kampf mit dem Geld auf und davon. Manchmal, so erzählte er später, haben seine Trainer Gipspflaster an die Handknöchel geklebt und mit den erlaubten Bandagen zusammen verwickelt. Im Ring tauchte er dann seine Handschuhe in den Wassereimer, und binnen weniger Minuten wurde aus dem Kampf ein ungleiches Gefecht. 1909 mußte Blackburn ins Gefängnis. Die Zeitungsmeldungen dieser Zeit zeichnen kein klares Bild, was der wirkliche Grund gewesen ist. Fest steht nur, daß in Philadelphia ein Mann erschossen wurde und daß Blackburn als Täter angesehen wurde. Neben

Louis brachte Blackburn als Trainer noch zwei weitere Weltmeister hervor: den Bantamgewichtler Bud Taylor und den Leichtgewichtler Sammy Mandell.

»Du kannst jeden besiegen, den du triffst, und ich werde dir zeigen, wie du dich bewegen mußt, um deine Gegner zu treffen«, erklärte Blackburn Louis und arbeitete an dessen gesamtem Ringverhalten. Damit er aber wirklich Erfolg haben konnte, mußten auch die politischen Umstände beachtet werden. Das Amerika der Rassendiskriminierung und des Ku-Klux-Klans würde jede Möglichkeit nutzen, zu verhindern, daß nach Jack Johnson erneut ein Farbiger Schwergewichts-Weltmeister werden würde. Die Richtlinien, die Roxborough und Black für Louis aufstellten, waren klar am Fehlverhalten Johnsons ausgerichtet. Demnach sollte Joe Louis sich nie allein mit einer weißen Frau fotografieren lassen, niemals allein ein Nachtlokal betreten, niemals zu leichte oder abgesprochene Kämpfe annehmen, niemals verächtliche Kommentare über geschlagene Gegner abgeben; immer freundlich und ernst und niemals überheblich in Kameras schauen und ansonsten sowohl im Leben als auch im Ring sauber bleiben. Joe hielt sich bis zu seinem Tode daran.

Der erste Gegner von Louis als Profi war der beste Schwergewichtler Chicagos, Jack Kracken, der zuvor mit dem Italiener Primo Carnera über die volle Distanz ging.

»Kracken wird Louis töten«, prophezeite ein örtlicher Journalist im Vorbericht. Doch Louis strafte ihn Lügen.

Im Debüt konnte Louis nach nur zwei Minuten seinen ersten K.-o.-Sieg feiern – und bekam als Siegprämie 59 Dollar. Das war mehr, als er in den Ford-Werken in einer Woche verdient hätte.

Zu dieser Zeit kam auch Mike Jacobs wieder stärker ins Geschäft. Er arbeitete zur Zeit des Ersten Weltkriegs eng mit Tex Rickard, dem Veranstalter im Madison Square Garden, zusammen, doch nach Rickards Tod zog Jacobs sich ein wenig zurück. Durch den Zeitungskönig William Randolph Hearst und dessen Frau fing Jacobs wieder an, Boxkämpfe zu veranstalten, zwar nicht in der Größenordnung des Gardens, aber in gutem Rahmen. Mike Jacobs traf sich mit Roxborough und Louis und betonte sein Interesse an einer Zusammenarbeit. »John, du und Joe seid Farbige, ich bin Jude. Es wird hart für uns, und man wird uns Steine in den Weg legen. Aber wenn wir uns vertrauen, werden wir es schaffen.«

Louis erarbeitete sich einen Kampfrekord von 22 Siegen, davon 18 vorzeitig. Das erste große Datum für Louis war der 25. Juni 1935. Im Yankee-Stadion traf er auf den Italiener Primo Carnera, der noch ein Jahr zuvor Weltmeister gewesen war. Der große und mächtige Carnera wog über 20 Kilo mehr als Louis und war für seine unsaubere Taktik bekannt. Er legte sich immer mit seinem ganzen Gewicht auf den Gegner und schubste ihn förmlich durch den Ring. Doch nicht so Louis: Der junge Boxer trieb den Giganten mit wuchtigen Schlägen vor sich her, als ob es keine Unterschiede in Reichweite und Körpergewicht gäbe. Carneras Gesicht war geschwollen, aus vielen Cuts lief das Blut über sein Gesicht, als er in der sechsten Runde schließlich nach harten Treffern zu Boden mußte. Im zweiten Versuch kam er wieder auf die Beine – und wurde sofort wieder zu Boden geschlagen. Wiederum stand Carnera auf – und wurde ein drittes Mal zu Boden geschlagen. Hier ging der Ringrichter dazwischen und beendete den Kampf nach 2:32 Minuten der sechsten Runde. Nach dem Italiener wurde zwei Wochen später King Levinsky in der ersten Runde besiegt, und als nächster Gegner wartete Max Baer. Der Kalifornier galt als bärenstark, hatte nicht zuletzt sogar Max Schmeling besiegt. Aber Louis war vor dem Kampf ganz gelassen. Beide Kämpfer heirateten übrigens vor dem Duell: Baer seine Mary Ellen Sullivan 88 Tage und Joe seine Marva Trotter nur wenige Stunden vor dem ersten Gong.

95 000 Zuschauer kamen nach New York ins Yankee-Stadion und mußten mitansehen, wie Louis den hoch eingestuften Baer schrecklich vermöbelte. In weniger als vier Runden

war Baer ein geschlagener Mann. Ein Reporter will gezählt haben, daß Joe nur zwei seiner 250 Schläge in der 11 Minuten und 50 Sekunden dauernden Kampfzeit nicht plazieren konnte. Nach dreimaligem Anzählen – Baer war in seinen vorherigen Kämpfen nie am Boden gewesen – konnte der Kalifornier nicht weiter und ließ sich auszählen. »Ich hätte es vielleicht noch mal geschafft, aufzustehen, aber wenn ich schon hingerichtet werde, müßten die Zuschauer mehr als 25 Dollar bezahlen, um dabeizusein«, sagte Baer nach dem Kampf.

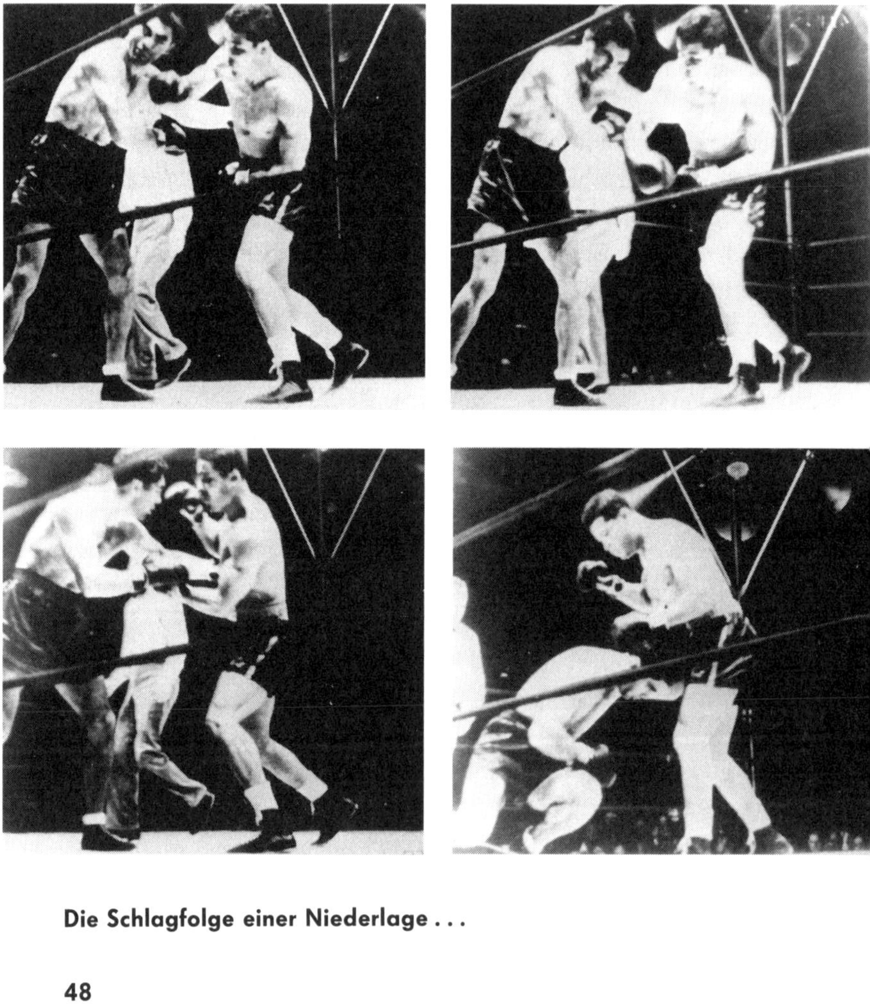

Die Schlagfolge einer Niederlage . . .

Mit diesem Sieg über den ehemaligen Champion war Joe Louis das Gesprächsthema Nummer eins.

Louis beendete das Jahr mit einem ähnlich spektakulären K.-o.-Erfolg über den Spanier Paolino Uzcudun. Ebenfalls in der vierten Runde war der Kampf vorbei, nachdem der Baske seine Doppeldeckung kurz öffnete und gleich eine volle Rechte einfing. Dieser Schlag wird von vielen Experten als einer der härtesten und effektvollsten Schläge in der Karriere von Louis angesehen. Er riß dem Spanier förmlich die Beine unter dem Körper weg. Er fiel quer durch den Ring. Zwar erhob sich Uzcudun noch einmal, doch brach der Referee den Kampf richtigerweise ab. Zwanzig Minuten nach dem Abbruch brach Uzcudun in seiner Kabine vor Erschöpfung zusammen.

Mit den Siegen stieg auch das Einkommen für Joe Louis. In den ersten fünfzehn Monaten hatte er rund 370 000 Dollar verdient.

Nochmal soviel brachten ihm die letzten vier Kämpfe gegen Carnera, Levinsky, Baer und Uzcudun ein – für insgesamt 43 Minuten und 15 Sekunden »Ringarbeit«.

Als nächstes »Opfer« wurde Max Schmeling ausgesucht – doch der Deutsche machte mit seiner Box-Demonstration und

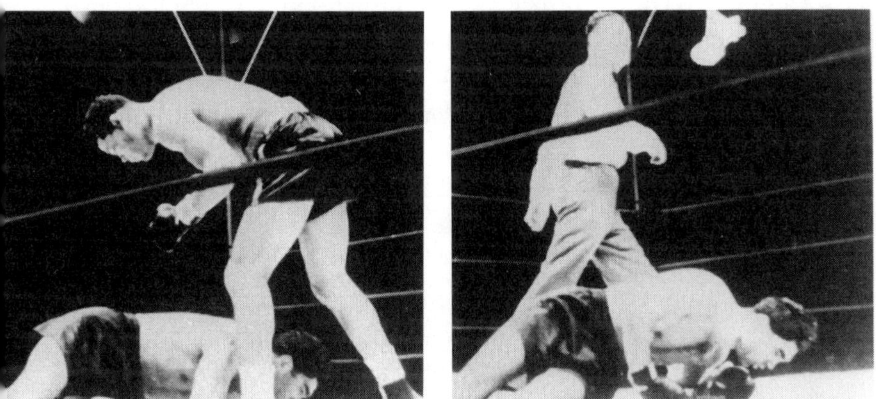

... im zweiten Kampf gegen Louis geht Max Schmeling zu Boden.

dem K.-o.-Erfolg in der zwölften Runde der unvergleichlichen Siegesserie ein abruptes Ende.

Trotz der Niederlage bekam Louis seine Chance, gegen den damaligen Weltmeister James J. Braddock um den Titel zu boxen. Eigentlich hätte dieses Recht ja Max Schmeling zugestanden, doch manövrierte man den Deutschen kurzerhand aufs Abstellgleis.

Vor dem Titelkampf besiegte Louis den Schmeling-Kontrahenten Jack Sharkey in nur drei Runden, schaffte weitere sechs K.-o.-Erfolge und einen Punktsieg, ehe er auch James Braddock in der achten Runde ins Reich der Träume schickte und damit Weltmeister im Schwergewicht wurde. Er wurde der am längsten amtierende Weltmeister in der Königsklasse und regierte von 1937 bis 1949, bestritt währenddessen 27 Titelkämpfe (26 Siege), ehe er am 1. März 1949 seinen Rücktritt als Weltmeister erklärte. Er blieb aktiv bis zum Ende des Jahres 1951, konnte aber außer in den Herzen der Fans keine großen Kämpfe mehr gewinnen. Er gewann 53mal durch K.o., 13mal nach Punkten, einmal durch Disqualifikation, verlor einmal nach Punkten und zweimal vorzeitig. Zwischendurch und darüber hinaus trat Louis immer wieder zu sogenannten »Exhibitions« an, also Kämpfen, die nicht offiziell gewertet wurden. So entstand auch die Bezeichnung der »Bum of the Month«, der »Flasche des Monats«, denn die Kontrahenten hatten oft Mühe, die Handschuhe überhaupt gerade in die Luft zu halten, und konnten Louis nie ernsthaft gefährden. Deshalb ist der Kampfrekord auch unvollständig: Manchmal ist das Datum nicht festgehalten, manchmal fehlt der Name oder es wurde kein Ergebnis bekanntgegeben.

1976 arbeitete Louis im Camp von Muhammad Ali. Viele Journalisten fragten sich, wer wohl gewonnen hätte, wenn beide zu ihrer besten Zeit gegeneinander im Ring gestanden hätten. Wie dieser Kampf auch immer ausgegangen wäre, im Wortgefecht jedenfalls blieb überraschenderweise Louis Sieger. Live im Fernsehen sagte Louis zu Ali: »Als ich Champion war, ging ich auf eine Reise, die sie die ›Flasche des Monats-Tour‹ nannten.« Ali antwortete: »Du meinst, ich bin eine Flasche?« Nun blickte Louis mit dem gleichen stoischen Gesichtsausdruck auf Ali, den er jedem seiner Gegner zeigte, und sagte: »Ich hätte dich auf dieser Tour geboxt.«

Louis boxte für sein Land, reiste zu Ehren der Soldaten im Zweiten Weltkrieg nach England, um so seine Unterstützung zu zeigen. Das Geld, das er mit den Kämpfen auf diesen Reisen verdiente, stiftete er dem »Army Relief Fund«. Einmal wurde Joe unerwartet aufgefordert, doch ein paar Sätze zu den wartenden Soldaten zu sagen. »Wir tun, was wir müssen und werden gewinnen, weil Gott auf unserer Seite ist«, sagte Joe unter dem Applaus der Zuhörer. Doch später lachte sein Freund, der Journalist Billy Rowe, ihn aus. »Du Dummkopf. Das war ein großer Fehler. Es heißt richtig: ›Wir gewinnen, weil wir auf Gottes Seite sind‹ und nicht er auf unserer.« Joe nickte verlegen und antwortete: »Ich weiß, habe es verdreht.« Doch am nächsten Morgen weckte Louis seinen Freund in aller Frühe und hielt ihm die Tageszeitungen vors Gesicht: »Wer ist hier nun der Dummkopf?« Sein verdrehter Slogan war überall die Schlagzeile und wurde zum geflügelten Wort der Amerikaner. »Man kann behaupten, daß Louis den Krieg bereits für uns vorwegnahm. Er half, das Hitlersche Konzept der Herrenrasse mit seinem Sieg über Schmeling zu besiegen. Während des Krieges, als es für alle Amerikaner notwendig war zusammenzustehen, trug Joe Louis seinen Teil dazu bei. Er war einer der Helden, die das Land zusammenhielten. Mit seinem Eintritt in die Armee machte er auf seine Art allen farbigen und weißen Amerikanern deutlich: ›Wir müssen diesen Kampf führen. Wir können siegen.‹ Präsident Roosevelt sagte, das einzige, was wir zu fürchten hätten, sei die Furcht. Manchmal wird aber der Zusammenhang vergessen, in dem diese Aussage gemacht wurde – zu einer Zeit sehr geringen nationalen Selbstbewußtseins. Wir schöpften unseren Mut aus der ›Louis-Erfahrung‹. Wir sagten uns: ›Man muß wirlich keine Angst vor den

Deutschen haben. Sie sind keine bevorzugte Rasse. Joe Louis hat das bewiesen.‹« So beschreibt der Major Andrew Young aus Atlanta (Georgia) in seinen Erinnerungen die Wichtigkeit und den Einfluß von Joe Louis auf die Weltpolitik dieser Jahre.

Steuerschulden zwangen Louis immer wieder in den Ring zurück, und er trat gegen seinen Nachfolger Ezzard Charles an, verlor aber nach Punkten. Noch gab Louis nicht auf, boxte einige Male und stellte sich dann einem anderen aufstrebenden Mann: Rocky Marciano. Dieser knockte ihn am 26. Oktober 1951 in Runde acht aus und beendete somit die Karriere des vielleicht besten Schwergewichtlers aller Zeiten. Einzig die bereits erwähnten Showkämpfe bestritt Louis fortan, verdiente sich sogar Geld als Catcher.

Joe Louis war mehr als nur ein Boxer. Man kann ihn zwar nicht ohne seine boxerischen Erfolge charakterisieren, doch darf man auch nicht nur die Boxerei sehen. Er ließ sich 1945 von seiner Frau Marva scheiden, heiratete sie 1947 wieder, ließ sich 1950 wiederum scheiden. 1955 heiratete er Rose Morgan, die er 1957 wieder verließ. Schon 1959 ging Louis seine vierte Ehe ein. Martha Jefferson war diesmal die Auserwählte. Diese Ehe hielt länger.

Einen eigenen Sekretär mußte er sich leisten, der nur damit beschäftigt war, Schecks mit Unterhaltszahlungen an verschiedene Frauen im ganzen Land zu verschicken. »Sex war für ihn so elementar wie Sauerstoff«, erinnert sich Leonard Reed im Buch »Joe Louis: Fünfzig Jahre ein amerikanischer Held«. Sein sexueller Appetit war kaum zu bremsen. »In jeder Stadt, wo er boxte, hatten wir viele Zimmer für die Frauen gemietet. Nach dem Kampf befahl er: ›Schick' Gloria zu mir.‹ Nach fünf Minuten: ›Hey, schick' nun Carmen zu mir.‹ Als Carmen den Raum wieder verließ, kam der Auftrag: ›Schick' Lydia zu mir‹, und so weiter«, erinnert sich Reed, der trotzdem behauptet, daß Joe seine angetrauten Frauen geliebt habe.

Bis zu seinem Tode war Louis im Hotel-Kasino »Caesar's Palace« angestellt. Er begrüßte die Gäste, repräsentierte ein wenig und hatte sonst keinerlei Pflichten. Nach einer schweren Herzattacke war Louis an den Rollstuhl gebunden, litt an schlimmen Anfällen von Verfolgungswahn. Nachdem er nach Drogenkonsum in ein Krankenhaus eingeliefert worden war, begannen diese Anfälle. Auch wenn der Zusammenhang zwischen Kokain und Geisteskrankheit von ärztlicher Seite nicht einwandfrei beweisbar war, hatte Joe von diesem Zeitpunkt an Angst, daß die Mafia ihn verfolge. Als ein Fan ihm die Hand schütteln wollte, schlug Joe ihn ohne Anlaß auf offener Straße zu Boden. Er glaubte auch nicht mehr an die Sicherheit seiner Hotelzimmer, wollte die Klimaanlage abgestellt haben, um nicht Gefahr zu laufen, daß jemand Giftgas in das Zimmer leite.

Dennoch besuchte er als Ehrengast viele Veranstaltungen. So war er am 1. April 1981 zur »Weltmeisterschaft« zwischen Larry Holmes und Trevor Berbick eingeladen. Am nächsten Morgen erlitt Louis einen Herzschlag und starb. Überall im Land wurden die Radiosendungen und Fernsehprogramme unterbrochen und des Menschen gedacht, der ein »großer Amerikaner« war. Louis wurde nur 69 Jahre alt.

Das Begräbnis wurde im Caesar's Palace in Las Vegas organisiert, und alle seine Freunde und Wegbegleiter waren angereist. Sammy Davis Jr. sang zu seinen Ehren »Here's to the Winners«, und Frank Sinatra nannte ihn einen »Champion der Champions«. Er erzählte einige Anekdoten, erinnerte sich daran, daß Joe ihm nach einigen gemeinsamen Trainingseinheiten erklärte, daß das Beste, was Sinatra im Boxen erreichen könne, die Position des Spucknapfhalters sei.

Der Publizist Harry Markson stellte Louis einst die rhetorische Frage: »Der glücklichste Moment für Sie muß gewesen sein, als Sie Braddock k.o. schlugen und Weltmeister wurden, oder?« Doch Louis schüttelte den Kopf. »Nein.« Markson ließ nicht locker: »Dann muß es die Nacht gewesen sein, in der Sie Schmeling k.o. schlugen?« »Nein, aber ich verrate es Ihnen«, sagte Louis, »meine Schwester Vunies ging zur Howard Universität. Am Tag ihrer feierlichen Entlassung holte ich sie gemeinsam mit unserer Mutter ab. Nach der Zeremonie gingen meine Mutter, meine Schwester und ich über den Campus der Universität, Arm in Arm. Das war der glücklichste Moment für mich.«

Kühl im Ring, herzlich zu Freunden. Und er gab einer ganzen Generation, einem ganzen Volk Hoffnung in einer beinahe hoffnungslosen Zeit. Billy Conn, der ehemalige Weltmeister im Halbschwergewicht und zweimaliger Louis-Gegner, faßt den Charakter seines Freundes so zusammen: »Joe war ein großartiger Kerl. Er hat niemals ein böses Wort über einen anderen Menschen gesagt. Eines Tages standen wir zusammen im Kasino. Es kam ein ungepflegt wirkender Mann auf uns zu. Er schaute auf Joe und sagte: ›Joe, ich habe Hunger. Ich brauche Geld.‹ Joe überlegte nicht lange und gab ihm eine Handvoll Jetons. Ich wunderte mich und fragte, warum er jemandem, den er nicht mal persönlich kannte, mehrere hundert Dollar gab. Einfach so. Joe antwortete: ›Wo ist der Unterschied. Ich werde diese Jetons sowieso verspielen.‹ Einige Stunden später hatte er wirklich alles verspielt. Er klopfte mir auf die Schulter und meinte nur: ›Siehst du, ich habe es doch gesagt. Ich habe es verloren.‹«

Joseph Barrow jr. *aufgezeichnet von Tobias Drews*

Der Sohn des »Braunen Bombers«

Es war immer so, als würde man in Amerika die Bürgersteige hochklappen und eine Art schallschluckende Glocke darüberstülpen. Eine für dieses Land ungewöhnliche Ruhe breitete sich aus. An kalten Abenden im Winter, an milden Abenden im Frühjahr und im Herbst, aber am häufigsten an schönen Sommerabenden. Alle Aktivitäten in den Dörfern und den Städten schienen plötzlich aufzuhören, und all der ansonsten beinahe zur Normalität gehörende Krach verstummte. Die Straßen waren wie leergefegt, man hätte eine Stecknadel zu Boden fallen hören können. Dies war das untrügliche Zeichen an Dutzenden von Abenden in den dreißiger und vierziger Jahren, daß mein Vater, Joe Louis, gegen einen anderen Mann in den Boxring kletterte. Alle Amerikaner, schwarze und weiße, versammelten sich um jedes verfügbare Radio. Zum Zeitpunkt des ersten Gongs befahl man den Kindern, nun ruhig zu sein, und sogar in Europa rieben sie sich den Schlaf aus den Augen, nachdem sie vom Klingeln eines auf eine Uhrzeit mitten in der Nacht eingestellten Weckers aufgewacht waren. In den folgenden Minuten lauschten Millionen Menschen in der ganzen Welt atemlos jedem Wort der Radioübertragung. Auch wer sich niemals zuvor für Boxen interessiert hatte, wurde von dem Zauber erfaßt, ließ aus dem gesprochenen Wort der Schlag-für-Schlag Beschreibung ein Bild im Kopf entstehen, wie es die Realität des Fernsehens später niemals schaffen konnte.

Diese Szenen konnte man vor allem in den Südstaaten der USA beobachten, wo Radios zu jener Zeit immer noch selten waren. Oft stand das einzige Radio im Einkaufsladen der Stadt oder an der Tankstelle, wo sich dann Schwarze und Weiße versammelten, um sich den Kampf anzuhören. Gemeinsam wohlgemerkt. Die Weißen saßen dann in Stühlen um das Radio, die Schwarzen standen an der Wand oder draußen vor den geöffneten Fenstern. Bezeichnenderweise hörten die Schwarzen mit voller Konzentration zu: Genau wie der schwarze Boxer im Ring hundert oder tausend Meilen entfernt zeigten sie keinerlei Gefühlsregungen.

Anders die Weißen. Besonders in den frühen Tagen der Karriere meines Vaters schrien sie Dinge wie: »Schlag ihn, schlag ihn doch, töte den Nigger-Bastard.«

Unvermeidlich gewann mein Vater dann doch immer. Dann verließen die Schwarzen ganz leise und ruhig das Geschäft oder die Tankstelle, ohne irgendwelche Freudenausbrüche. So stark war die Unterdrückung der Schwarzen durch die Weißen im Süden Amerikas, daß sie zunächst ganz normal in ihren Teil der Stadt gingen. Wenn sie dann wieder in ihrem Gebiet waren, fielen sie einander in die Arme, tanzten, lachten und weinten vor Freude. In größeren Städten faßten sie sich dann alle an den Händen, tanzten gemeinsam durch die Straßen und schleppten alles mit, was Lärm machte. Mit Stöcken wurde auf Töpfe gehämmert, oder man klatschte einfach laut in die Hände.

Niemals zuvor und niemals seitdem hat meines Wissens ein einzelner Sportler solche spontanen Gefühlsausbrüche verursacht, die sich über das gesamte Land erstreckten. Es hat mich einige Monate gekostet, mit all den berühmten und normalen Menschen in aller Welt zu sprechen, die meinen Vater gekannt haben, um mir Stück für Stück einen Einblick in sein Leben und in das Phänomen der 30er und 40er Jahre zu verschaffen.

Es schien, als wollte jeder seine eigenen, individuellen Augenblicke, Gefühle und Erinnerungen mit mir teilen: Wo sie den einen oder anderen Kampf im Radio gehört hatten, wie sie danach gefeiert oder getrauert hatten und inwiefern das Leben meines Vaters ihr eigenes beeinflußt hatte.

Nun war für mich die Zeit gekommen. In den vergangenen

37 Jahren meines Lebens hatte ich – unbewußt – meine Herkunft verleugnet, nicht wahrhaben wollen und manchmal auch bewußt ignoriert. Vielleicht habe ich nicht verstanden, welchen besonderen Platz mein Vater in der sozialen Geschichte des Landes und für die Menschen hier einnahm. Vielleicht war ich zu egoistisch nur auf mein eigenes Leben fixiert. Oder vielleicht war die Scheidung meines Vaters von meiner Mutter und die damit verbundene Trennung von meinen Schwestern und mir – eine Situation, die ihm nicht viel auszumachen schien – einfach zu schmerzvoll, um sie wahrhaben zu können.

Was auch immer der Grund war, 1985 bemerkte ich, daß ich etwas tun mußte. Ich mußte herausfinden, wer mein Vater wirklich war und warum er einen so großen Einfluß auf so viele Menschen gehabt hatte. So startete ich eine interessante, manchmal schmerzhafte Reise in die Vergangenheit meines Vaters.

Joe Louis war mein Vater, aber er bedeutete seiner eigenen Generation mehr, als man sich vorstellen kann. Er war ein Held. Ich erkannte, daß die Menschen seiner Generation ihn besser kannten als ich. Ich hatte meinen Vater im Durchschnitt viermal pro Jahr gesehen, seit 1949, als sich meine Eltern scheiden ließen, bis 1981, als mein Vater starb. Es klingt ziemlich schlimm, aber ich war glücklich, obwohl sich meine Eltern getrennt hatten, als ich noch jung war. Meine Mutter heiratete bald wieder, und mein Stiefvater, der Arzt Albert Spaulding, unterstützte mich und meine Schwester Jackie mit allem, was wir brauchten. Trotzdem freute ich mich, meinen Vater während der unregelmäßigen Besuche in unserem Haus in Chicago zu sehen. Ich erinnere mich, daß ich ihn immer, wenn wir zum Essen in Restaurants gingen, mit Autogrammsammlern und Händeschüttlern teilen mußte, die einfach mal »Hallo« sagen wollten. Ich glaube, als junger Bursche war mir nicht immer ganz klar, warum ich meinen Vater mit der ganzen Welt teilen mußte.

Mein Vater war nie ein besonders unterhaltsamer Mensch, was die direkte Konversation betrifft. Ich erinnere mich, wenn er mit seinen Freunden unterwegs war, hatten sie immer nur oberflächliche und seichte Gespräche. Und wenn er mit uns oder anderen Mitgliedern der Familie zusammen war, mußten wir den Anfang machen. Ich stellte ihm viele Fragen, um etwas über seine Gedanken herauszufinden und auch um die peinlichen Gesprächspausen zu überbrücken. Er fing eigentlich nie eine Unterhaltung von sich aus an. Nur einmal tat er das, und weil es so überraschend und neu war, kann ich mich auch noch daran erinnern. Ich arbeitete in der United Bank in Denver, und er fragte mich nach meinen beruflichen Zielen. Was war meine Aufgabe? Machte sie mir Spaß? Wieviel verdiente ich? Er schien erfreut und beeindruckt, daß ich mich für eine Karriere in der Bank entschieden hatte, einen Beruf, der mehr geistige Anforderungen stellte und im Gegensatz zu seinem Beruf keine sonderliche Muskelkraft erforderte.

Er war von Natur aus kein sonderlich gefühlvoller Mensch. An einen Gefühlsausbruch erinnere ich mich aber noch. Es war 1976, als ich nach Las Vegas fuhr, um dort am Frontier Airlines Pro-Am-International Golf-Turnier teilzunehmen. Ich schrieb mich gerade bei der Anmeldung im Caesar's Palace Hotel ein, als jemand zu mir sagte: »Ich glaube hier ist jemand, der Ihnen gerne Hallo sagen würde.« Ich drehte mich um und sah – meinen Vater. Er sagte »Wie geht's dir, alter Junge?« Ich sagte: »Großartig, alter Junge.« Er schlug mir freundschaftlich auf die Schulter. Und es zog mir beinahe die Beine weg: das Gefühl und der Schlag.

Ich erinnere mich, daß ich als vierjähriger Knirps vor seinem Kampf gegen Rocky Marciano 1951 gefragt habe: »Warum willst du gegen ihn boxen?«

»Ich muß«, sagte mein Vater bitter.

»Warum?« bohrte ich weiter.

»Wegen des Geldes«, antwortete er daraufhin.

»Ist es dein letzter Kampf«, ließ ich nicht locker.

»Ja, Sohn, das wird mein letzter«, sagte er mit Nachdruck.

Ich besuchte ihn später im Trainingscamp. Ich drängte ihn, mir doch zu erlauben, mit ihm joggen zu dürfen. In jugendlichem Leichtsinn dachte ich, daß es Spaß machen könnte. Am nächsten Morgen weckte er mich um fünf Uhr in der Frühe. Ich zog mich an, ging raus und begann neben meinem Vater herzulaufen. Die Betreuer und er lachten mich aus, als ich nicht lange aushielt und zum Trainer ins Auto steigen mußte. Das nächste, woran ich mich erinnern kann, ist mein Vater, der mich aufweckt und sagt: »Ich wünschte, ich könnte so joggen wie du.«

Später, als ich gerade im ersten Jahr auf der Bostoner Universität war, besuchte ich gemeinsam mit meinem Vater den 1965er Kampf zwischen Muhammad Ali und Sonny Liston. Sogar da wurde er noch ehrfurchtsvoll mit »Champ« angesprochen. Und drei Jahre später erfüllte mich ähnlicher Stolz, als mein Vater nach Denver kam, um meiner College-Abschlußfeier beizuwohnen. Er kam ganz normal in die Universität hinein, aber es drehten sich alle Anwesenden nach ihm um. Wieder hörte man alle voller Anerkennung leise flüstern. Ich vertrat meinen Vater im Jahre 1970 bei einer Feier, die zu seinen Ehren gegeben wurde. Er selbst konnte nicht teilnehmen, da er noch im Veteranen-Krankenhaus in Denver war. Nach dem ersten Programmteil wurde meine Stiefmutter Martha vorgestellt. Applaus. Meine Schwester Jackie wurde ebenso freundlich begrüßt. Danach war ich an der Reihe. Zehntausend Menschen standen auf und gaben standing ovations für zwei oder drei Minuten. Ich war bewegt – nein, hingerissen. Mein Vater war so beliebt, daß zehntausend Menschen – selbst wenn er persönlich gar nicht anwesend war – ihm ihre Anerkennung geben wollten. In diesem Moment verstand ich endgültig, was es bedeutete, Joe Louis Barrow Jr. zu sein.

Tobias Drews

Max Schmeling – ein Mann ohne Skandale

Ein gewisser Marvin Hart wurde 1905 Weltmeister im Schwergewicht durch einen vorzeitigen Sieg über seinen Landsmann Jack Root in Reno, Nevada. Der Titel war vakant geworden, nachdem der Amerikaner James J. Jeffries ihn niedergelegt hatte und gleichzeitig seinen Rücktritt erklärte. Es gab zwei Anwärter auf den Titel: Jack Johnson und Sam Langford, aber beiden wurde die Zulassung verweigert, weil sie schwarzer Hautfarbe waren. Also durfte Marvin Hart gegen Jack Root antreten, und Ringrichter Jeffries stoppte das Gefecht zu Gunsten Harts in der zwölften Runde, der den Titel gleich in der ersten Verteidigung wieder verlor und ohne Zweifel der unpopulärste Weltmeister – ein sogenannter Papiertiger – war. »Alles was mir dieser Titel eingebracht hatte, waren zehntausend Dollar«, erinnerte sich der deutschstämmige Hart einige Jahre vor seinem Tod im Jahre 1931, »ich glaube, ich wurde 20 Jahre zu früh geboren.«

Wäre sein Wunsch Wirklichkeit geworden, hätte er vielleicht einmal einem Mann im Box-Ring gegenübergestanden, der zur Zeit der Hart'schen Regentschaft in Klein-Luckow auf die Welt kam, und sie nachhaltig verändern sollte. Maximilian Adolph Otto Siegfried Schmeling erblickte wenige Monate, nachdem im Boxen zum ersten Male in diesem Jahrhundert ein neuer König gekrönt worden war, das Licht der Welt. Niemand im kleinen und verschlafenen Ort in der Uckermark zwischen Prenzlau und Pasewalk ahnte, daß der »stramme Max«, der eigentlich eine »Maxie« hatte werden sollen, sich einmal mit solcher Bravour im härtesten Sport durchsetzen würde.

Schon kurz nach der Geburt siedelten die Schmelings nach

Hamburg über. Der Vater war Steuermann eines HAPAG-Dampfers, und so konnte er seine immer größer werdende Familie schneller besuchen, wenn er wieder in den heimatlichen Hafen einfuhr. Max bekam bald darauf noch einen Bruder und eine Schwester.

Der Boxsport hätte einen seiner erfolgreichsten Aktiven beinahe schon früh an den Fußball verloren, da Schmeling als Torwart beim Sportclub des Stadtteils St. Georg am liebsten seinem großen Idol Heiner Stuhlfauth vom 1. FC Nürnberg nachgeeifert hätte. Durch ein Malheur wäre die sportliche Karriere, gleich welcher Art, für den jungen Schmeling beinahe frühzeitig zu Ende gewesen. »Ich hatte in einer Werkzeugkiste gekramt und einen Nagel gesucht. Dabei ritzte ich mich mit einer rostigen Spitze am Ringfinger der rechten Hand, beachtete jedoch die Wunde nicht. Am nächsten Tag schwoll die Hand an und rötete sich. Wehleidigkeit war mir zuwider. Ich biß die Zähne zusammen und glaubte, mit Pflaster und

Geburtshaus Max Schmelings in Klein-Luckow in der Uckermark.

Salben die Misere behandeln zu können«, erinnerte sich Schmeling an ein besonders gefährliches Kindheitserlebnis. Als dann endlich drei Tage später ein Arzt zu Rate gezogen wurde, war bereits eine perfekte Blutvergiftung entstanden. Über zwei Jahre lang mußte Schmeling behandelt werden und sage und schreibe vierzehn Operationen über sich ergehen lassen, ehe alles wieder in Ordnung kam. Mehr als einmal standen die Ärzte vor der Frage, ob es nicht besser sei, durch Amputation der Hand das Leben von Max zu retten. Der Arm war vorübergehend kraftlos geworden, die Rechte unfähig, auch bloß den Füllfederhalter zu halten. Um dennoch dem Unterricht in der Schule folgen zu können, lernte Max mit der Linken schreiben und schaffte es mit verbissener Energie, die rechte Hand wieder einigermaßen beweglich zu machen. Wille und Disziplin retteten also nicht nur seine Hand, sondern machten sie so stark und hart, daß so mancher Gegner sich gewünscht hätte, niemals mit ihr Bekanntschaft gemacht zu haben.

Der Kampf zwischen Jack Dempsey, dem amerikanischen Weltmeister im Schwergewicht, und Georges Carpentier, dem Franzosen, der lange Weltmeister im Halbschwergewicht war, entfachte Schmelings Leidenschaft für den edlen Faustkampf. Sein Lehrlingsgeld, das er sich bei einer »Annoncen-Spedition« verdiente, wurde allabendlich in Kinokarten angelegt, bis er jede Bewegung beider Boxer genauestens kannte. Danach hieß es, den Widerstand des Vaters zu brechen und ihn davon zu überzeugen, daß die Boxerei eine tolle Sache sei. Nach einem gemeinsamen Kinogang gab der Vater schließlich sein Ja-Wort: »Von mir aus kannst du Boxunterricht nehmen.«

Das war der heiß ersehnte Startschuß: Gleich am nächsten Tag kaufte Max sich in einem Trödelladen ein Paar ausgediente Boxhandschuhe und hängte sie, als tägliche Motivation, in seinem Zimmer auf. Und weil es schon in den Fäusten juckte, ging der erste Kampf auch mit einem ebenfalls vom Box-Virus befallenen Freund über die Bühne. Mit Wollsocken, die als

Boxhandschuh-Ersatz dienten, standen sich die beiden Jungen gegenüber, bevor Schmeling seinem Freund Alfred einen frühen Vorläufer der später noch vervollkommneten Schmeling-Rechten ans Kinn schlug. Die Wirkung war auch in dieser Startphase schon beachtlich: Alfred knickte augenblicklich in den Knien ein, knallte mit dem Hinterkopf an die auf einem Tisch plazierte Nähmaschine und brach danach zusammen. Zwar kam er recht schnell wieder zu sich, doch ein paar Schrecksekunden lang hatte Max gefürchtet, sein Freund sei tot.

Um seiner Leidenschaft richtig frönen zu können, entschloß sich der siebzehnjährige Schmeling, in die Köln-Düsseldorfer Region überzusiedeln, wo das Boxen schon professioneller gelehrt wurde. Nach dem Fernunterricht durch die Boxbriefe von Jack Slim und das Lehrbuch von Georges Carpentier trat er dem Mülheimer Box-Club bei und bekam von Alfred Dübbers, dem Bruder des späteren Europameisters Franz Dübbers, die großen und kleinen Tricks des Boxens beigebracht. Auch hier half das Glück ein klein wenig nach, denn Schmelings neuer Arbeitgeber versetzte ihn von Düsseldorf nach Köln-Mülheim, wo Dübbers seinen Boxclub betrieb.

1924 nahm ihn der Westdeutsche Amateurverband mit zu den nationalen Titelkämpfen nach Chemnitz, wo sich der Newcomer bis ins Finale durchboxte und dort auf Otto Nispel traf. Nispel war ein Ringfuchs und mußte doch schon sein ganzes Können aufbieten, um nicht den kürzeren zu ziehen. Nach den drei angesetzten Runden gab es noch kein Ergebnis, und so mußten die beiden Verlängerungsrunden boxen, bis sich einer von ihnen endlich einen Vorteil erarbeitet hatte. Durch die Routine gelang es Nispel, Schmeling auf den zweiten Platz zu verweisen. Auch in den kommenden Jahren beherrschte Nispel diese Gewichtsklasse bei den Amateuren und gewann den Titel auch in den folgenden beiden Jahren, vielleicht, weil Schmeling sich nach dem frühen Ruhm schnell dazu entschloß, ins Lager der Profiboxer zu wechseln.

Innerhalb von drei Monaten bestritt er elf Kämpfe und verlor davon nur einen – äußerst unglücklich zudem, weil der Ringrichter den Kampf abbrechen mußte, da Schmelings Ohr nach einem Treffer nicht aufhören wollte zu bluten.

1925 kam dann ein ganz besonderer Moment für Schmeling, abseits von seinen eigenen Erfolgen im Boxring. Denn Jack Dempsey, Schmelings großes Vorbild, war auf Europareise und bestritt einige Schaukämpfe. So auch gegen Schmeling, der es wagte, einmal voll hinzulangen und den großen Jack ein wenig zu verblüffen. Der revanchierte sich, indem er Schmeling nach dem Schaukampf zur Seite zog und ihm ins Ohr flüsterte: »Du bist ein großes Talent, wenn du dir viel Mühe gibst, kann aus dir mal etwas Großes werden.«

Für Schmeling hatten diese Worte aus so prominentem Munde natürlich eine starke Bedeutung, obwohl Dempsey bei späteren Treffen zugeben mußte, er habe das zu jedem jungen Boxer gesagt.

Dempsey beendete nach seiner zweiten Niederlage gegen Gene Tunney am 22. September 1927 seine aktive Laufbahn und eröffnete ein Restaurant auf dem New Yorker Broadway, doch war seine Popularität immer noch so groß, daß er sich auch als Veranstalter versuchte. Noch im Alter von über vierzig Jahren trat er zu Schaukämpfen in den Ring, um seinen Nachfolgern sein Können zu demonstrieren. Schmeling und Dempsey stiegen auch 1938 nochmals zu einem Schaukampf in den Ring: Eine wohltätige Organisation, die sich um verarmte und verwaiste Kinder kümmerte, hatte bei Dempsey angefragt, ob er nicht Geld für sie sammeln könnte. Dempsey fragte Schmeling, der sich gerade in den Staaten aufhielt, um sich auf den mit Spannung erwarteten Rückkampf mit Joe Louis vorzubereiten. Die Show war auf eine Runde angesetzt, und es sollte vor allem ein Spaß werden, ohne Verbissenheit – eine Demonstration an boxerischer Klasse. Aber Dempsey war es nicht gewohnt, einen Gang zurückzuschalten. Er benahm sich im Ring wie ein Tiger, gab immer alles und kannte keine Freunde, sobald er den Gong hörte. Daran erinnerte sich auch der New Yorker Journalist Paul Gallico, der einmal bei Dempsey wegen ein paar gemeinsamer Sparringsrunden anfragte. Gallico wollte darüber schreiben, wie es sei, mit Dempsey in einem Ring zu stehen. Dempsey versprach, ganz vorsichtig zu boxen und locker zu bleiben. Trotzdem brach er Gallicos Nasenbein und schlug dem armen Journalisten beinahe den Kopf ab. Gallico nahm es ihm nicht übel, trotz der blutigen Erfahrung. Er schrieb in seinem Bericht, daß Dempsey halt nicht anders könne, als immer nur Vollgas zu geben.

Diese Erfahrung machte Schmeling beim Schaukampf nun auch: Gleich zu Beginn landete ein kraftvoller Aufwärtshaken an Schmelings Kinn, dem das Lachen um die Mundwinkel herum gefror. Er revanchierte sich mit einer harten Linken an Dempseys Kinn, der ebenfalls kurz stutzte, sich jedoch in den verbleibenden Sekunden zurückhielt.

Dempsey war einer der wenigen, die auf Schmeling als Sieger vor dem zweiten Duell mit Joe Louis tippten. »Ich kann mir nur Schmeling als Sieger vorstellen«, diktierte der Weltmeister der Jahre 1919 bis 1926 den Reportern in die Notizblöcke.

Zurück ins Jahr 1925: Schmeling hatte seine ersten sechzehn Kämpfe hinter sich, als er erst gegen Jack Taylor nach Punkten über zehn Runden unterlag und sich dann auch noch dem Kanadier Larry Gaines vorzeitig, in zwei Runden, geschlagen geben mußte.

Sank hier bereits der Stern eines Talents?

Hatte Schmeling sein Pulver so rasch verschossen?

Er zog aus den unglücklichen Kampfausgängen seine Lehren und arbeitete ebenso konsequent an seinem Comeback, wie er es auch nach der schweren Blutvergiftung getan hatte.

Bereits 1926 wendete sich das Blatt wieder – wenn auch langsam. Es begann im Februar mit einem Unentschieden gegen den Berliner Max Diekmann, der ihm ja die erste Niederlage beigebracht hatte. Doch die Scharte war nur halb ausgewetzt, die Entscheidung vertagt. Aber nur bis zum

August. In der Zwischenzeit hatte Max zwei weitere Gegner kurzrundig k.o. geschlagen und ging so mit gestärktem Selbstvertrauen in das dritte Duell mit Diekmann um die Deutsche Meisterschaft im Halbschwergewicht. Die Begegnung fand im Berliner Lunapark statt, und es fanden sich viertausend Boxinteressierte ein, die freilich nicht auf ihre Kosten kamen. Denn schon nach dreißig Sekunden wurde Schmeling zum neuen Meister gekürt: Ehe Diekmann einmal hatte treffen können, landete Schmelings Rechte auf seiner Kinnspitze. Sofort brach Max Diekmann zusammen. Ringrichter Paul Samson-Körner brauchte nicht einmal zu zählen. Neben der Kampfbörse von 1500 Mark bekam Schmeling nun auch Lob und Anerkennung von allen Seiten. Die Kritiker verstummten. Die bislang konsequent seinen Namen falsch geschrieben hatten (Schmehling statt Schmeling), machten sich einen Merkzettel, und im Fachblatt »Boxsport« kam Artur Bülow zu dem Schluß: »Schmeling war schon immer ein guter Mann, trotz seiner Jugend, trotzdem er niemals in solchen Händen war, die das rechte Sentiment für den Stoff besaßen, den er wirklich in sich hat. Nur drei Monate Training in Lanke, nur einige wenige Umstellungen und gesunde Lebensverhältnisse in jeder Beziehung, und schon verrät er eine hundertprozentige Verbesserung. Der von ihm so schwer geschlagene Diekmann unterlag einem Größeren, einem Großen. Der deutsche Boxsport hat einen neuen Meister und einen neuen Mann, auf den er wieder bauen kann. Vielleicht sogar einen Stern am Boxhimmel, der die Kräfte besitzt, alle einstigen vorhandenen zu übertreffen.«

Im zweiten Jahr als Berufsboxer, im Alter von nur einundzwanzig Jahren, war Schmeling Deutscher Meister. Der Aufstieg hatte begonnen. Um ihm internationale Ringerfahrung zu verschaffen, verpflichtete Manager Bülow einen Ausländer nach dem anderen: Holländer, Engländer, Belgier, Dänen und Franzosen kamen nach Deutschland, um den aufstrebenden Schmeling einer harten Prüfung zu unterziehen. Er bestand sie alle, manche gar mit Bravour.

Im Juni 1927 wurde Schmeling durch einen Aufgabesieg in der vierzehnten Runde erster deutscher Europameister, als er den Belgier Fernand Delarge besiegte. Dieser Kampf wurde aus der Westfalenhalle im Rundfunk übertragen und war zugleich der erste live übertragene Boxkampf im Rundfunk Deutschlands. Der Mittelgewichtler und als Boxkünstler bekannte Hein Domgörgen aus Köln scheiterte in der siebten Runde an Schmelings Schlagkraft, genau wie nachher der Italiener Michele Bonaglia, der noch in Runde eins schwer geschlagen wurde. Schmeling konnte die Gefühle des danach hemmungslos weinenden Italieners schon bald nur zu gut nachempfinden: Nur vier Wochen später passierte Schmeling dasselbe Mißgeschick, als er vom Engländer Gipsy Daniels in der ersten Runde von den Beinen geholt wurde und sich vom Ringrichter das kleine Boxeinmaleins anhören durfte.

Mit einem Punktsieg über Franz Diener leitete Schmeling die Rehabilitation ein, wurde Deutscher Meister im Schwergewicht und ging Ende 1928 nach Amerika.

Dort mußte sich Schmeling erst eine Daumenverletzung operieren lassen und trennte sich danach von Manager Bülow, weil dieser keine Anstalten machte, endlich Kämpfe für seinen Boxer zu organisieren. Schmeling tat sich mit Joe Jacobs zusammen, der nicht nur Manager, sondern auch bald ein enger Freund Schmelings wurde und ihm für November 1928 einen Kampf gegen Joe Monte in New York verschaffte. Kurz vor dem vereinbarten Termin erkrankte Schmeling an einer Grippe, wollte aber den so schwer eingefädelten Kampf unter keinen Umständen platzen lassen. So stieg er mit wackeligen Beinen und Fieber in den Ring, kam dennoch irgendwie in den Kampf und landete in Runde acht die gefürchtete Rechte.

Monte ging schwer k.o., und in der ersten Reihe am Ring sprang der Promoterkönig Tex Rickard auf und schrie: »What a right hand« – »Was für eine unglaubliche Rechte.«

Es war nicht zuletzt die Aussage dieses einflußreichen Mannes, die den Weg von Schmeling in den USA vorzeichnete.

Monte kam aus Massachusetts und hatte einen heute populären Enkel: den Ringrichter Artur Mercante Senior. Dieser gehört zu den bekanntesten Ringrichtern in der Boxgeschichte und leitete mehr als 100 Weltmeisterschaften, darunter auch den ersten Kampf zwischen Muhammad Ali und Joe Frazier. Mercante kam durch seinen Onkel in das Faustkampf-Business. »Ich traf Schmeling vor mehr als zwanzig Jahren in Long Island, und als ich ihm erzählte, daß Joe Monte mein Onkel war, konnte er es erst gar nicht glauben. Ich arrangierte ein Gespräch der beiden, und es freute und rührte mich, daß Schmeling seinen alten Gegner noch so sehr schätzte«, erklärte Mercante, der noch immer aktiver Ringrichter ist und – obwohl weit in den Siebzigern – nach wie vor zu den besten seiner Zunft gehört.

Durch die Siege über Joe Seykra, Pietro Corri, Johnny Risco und Paolino Uzcudun wurde Schmeling zusammen mit dem Bostoner Jack Sharkey zum Titelanwärter auf das vakante Championat bestimmt, welches Gene Tunney 1928 abgegeben hatte. Sharkey hieß mit bürgerlichem Namen Joseph Paul Zusauskas und stammte aus Litauen. Da jedoch niemand in Amerika diesen Namen stolperfrei aussprechen konnte, taufte man den begeisterten Angler in »Sharkey« um – denn wie ein Haifisch (»Shark«) ging der im Vergleich zu Schmeling drei Jahre ältere Boxer zu Werke.

Jack Sharkey wurde am 6. Oktober 1902 in einem kleinen Ort nahe New York geboren. 1924, als Schmeling gerade Amateur-Vizemeister wurde, boxte Sharkey bereits als Professional. In den Kampf um die Krone gegen Schmeling ging Sharkey als leichter Favorit, und er gewann auch die ersten vier Runden, ehe er den Tiefschlag in Schmelings Unterleib landete und dieser schmerzerfüllt zu Boden ging. Weil Ringrichter Harold Barnes und einige Journalisten, die günstig gesessen hatten, den Tiefschlag gesehen hatten, wurde Sharkey disqualifiziert und Schmeling zum neuen Weltmeister ausgerufen. Nach dem ersten Schock und der verständlichen Niedergeschlagenheit besann sich Schmeling darauf, in den nächsten Kämpfen zu beweisen, daß er trotz der widrigen Umstände beim Titelgewinn ein würdiger Weltmeister sei. Der Kampfausgang war für beide Boxer unbefriedigend, doch kam eine sofortige Revanche nicht zustande.

Schmeling trat nun 1931 erst gegen William Young Stribling an, der als sich K.-o.-König einen Namen gemacht hatte. Kein Boxer vor ihm hatte so viele entscheidende Siege errungen: zwischen 1921 und 1932 schlug er 126 Gegner in beinahe 300 Kämpfen entscheidend und vor Ablauf der Zeit. Der Kampf fand in Cleveland seine Austragung: Schmeling kam mit zunehmendem Kampfverlauf immer stärker in Szene, hatte den Kampf zu jeder Zeit unter Kontrolle. Vierzehn Sekunden vor Schluß der fünfzehnten Runde ging Stribling nach einem linken Haken zu Boden. Daraufhin wurde der völlig ausgepumpte Fighter aus dem Kampf genommen, in dem Schmeling auch nach Punkten weit vorne lag. Zum Zeitpunkt des Kampfes rangierte Stribling auf Platz zwei der Weltrangliste. Die Nummer eins hieß Sharkey, den Schmeling im darauffolgenden Jahr vor die Fäuste nehmen wollte. Schmeling verteidigte seinen Titel also gegen die am höchsten eingeschätzten Boxer dieser Zeit. Es gibt nicht viele Champions heutzutage, die wie Schmeling den »Weg des größten Widerstandes« gehen.

Stribling folgte 1995 übrigens Joe Louis, Jack Sharkey und Mickey Walker nach und wurde als vierter ehemaliger Boxer, der von Schmeling besiegt wurde, in die Ruhmeshalle des Boxens aufgenommen. Apropos »Hall of Fame«: Schmeling ist der einzige Deutsche, der bislang aufgenommen wurde, und ihn zeichnen drei Dinge gegenüber den anderen Geehrten aus: Erstens im Alter von 86 Jahren war er bei der Aufnahme der älteste, zweitens war er durch seine Coca-Cola-Company der wohlhabendste, und drittens war er der einzige, der nicht persönlich zur Aufnahmezeremonie erschien.

Durch den Sieg über Stribling, der in keinem seiner 286 Kämpfe jemals wieder vorzeitig gestoppt werden sollte, wurde

Schmeling endgültig von allen Institutionen und Journalisten als Weltmeister aller Klassen anerkannt.

Stribling, der von seinen Eltern gemanagt wurde, starb 1933 bei einem Motorradunfall.

Mit hohem Selbstvertrauen und viel Optimismus stellte sich Schmeling dem geforderten Rückkampf mit Sharkey: Im fünfzehn Runden dauernden Gefecht hatte Max Schmeling diesmal die eindeutig besseren Karten. Er dominierte, er gewann die Mehrzahl der Runden und wirkte zu jeder Zeit immer ein bißchen stärker als sein Gegenüber.

Die Urteilsverkündung schien eine Formsache – und wurde eine Farce. Zwei Punktrichter sahen Sharkey als Sieger, nur einer gab Schmeling sein Votum. Damit wechselte der Titel den Besitzer, und Schmeling wurde um den Sieg betrogen. »We wuz robbed«, schrie ein aufgebrachter Betreuer Joe Jacobs in den Ring – »Man hat uns den Titel gestohlen.«

Das sah die Mehrzahl der Anwesenden ebenso. Gene Tunney, der Ex-Weltmeister: »Ich hatte Schmeling komfortabel in Front.«

Edward J. Neil, der Berichterstatter für Associated Press befand, »daß Schmeling hätte seinen Titel behalten müssen, wenn auch nur mit knapper Mehrheit«.

Nat Fleischer, der Herausgeber der Boxbibel »The Ring«, lobte die Qualifikation des Ringrichters, der für Schmeling votierte.

»Charles Mathison muß von nun an als der beste Punktrichter im Boxen angesehen werden.« Mathison hatte zehn Runden für Schmeling gesehen, fünf für Sharkey. Punktrichter Kelley wertete acht Runden für Sharkey und sieben für Schmeling, und Gunboat Smith, der auch gleichzeitig als Ringrichter fungierte, sah sieben Runden für Sharkey, fünf für Schmeling und drei Unentschieden. Im ersten Kampf nach dem Betrugsurteil schlug Schmeling Mickey Walker in der achten Runde k.o., ehe er in eine schwere sportliche Krise verfiel.

Im einzigen Kampf, den er 1933 bestritt, mußte er eine

schlimme K.-o.-Niederlage aus den Händen von Max Baer einstecken. Eine darauffolgende Punktniederlage gegen Steve Hamas und ein mühsames Unentschieden gegen den alten Rivalen Paolino Uzcudun legten die Vermutung nahe, daß Schmelings beste Zeit vorbei war und er die Niederlage gegen Sharkey nicht verwunden hatte.

Man war froh, daß mit Walter Neusel ein anderer deutscher Schwergewichtler schon bereitstand, um in Schmelings Fußstapfen zu treten. Wie hätte man die Wachablösung besser inszenieren können, als mit einem direkten Aufeinandertreffen?

Walter Rothenburg veranstaltete den Kampf des Altmeisters gegen den Newcomer, und 100 000 Zuschauer kamen zu diesem Open-air-Spektakel, das Schmeling in neun Runden überraschend deutlich für sich entschied.

Es folgte die Revanche mit Hamas. Dafür baute Rothenburg eigens eine riesige Lagerhalle für 20 000 Zuschauer um. In dieser »Hanseaten-Halle« bezwang Schmeling Hamas in neun Runden vorzeitig. Hamas mußte so schwere Treffer hinnehmen, steckte eine derartige Tracht Prügel ein, daß er nie wieder boxte.

Rothenburg erinnerte sich, daß die Vertragsverhandlungen mit Schmeling nie ein sonderliches Problem darstellten, aber Schmeling sogar im Vertrag einbauen ließ, daß im Trainingsquartier täglich zwei saubere Handtücher zu liefern seien. Diese Forderung habe allerdings nichts mit Kleinlichkeit zu tun, »sie entspringe vielmehr dem Wunsch nach Klarheit in allen Dingen«.

Auch an Max Schmelings Kampfeskleidung wurde nie viel verändert. Der grauschwarzmelierte Bademantel, den man auf beinahe jedem Bild als wärmenden Begleiter zum Ring und zurück erkennen kann, wurde 1926 nach dem Kampf um die Deutsche Meisterschaft für ganze siebzehn Mark erstanden und seitdem nie mehr abgelegt. In all den Jahren des Aufstiegs wurde dieser Frotteemantel keiner fremden Hand anvertraut. Trainer Max Machon wusch ihn sogar selbst und nahm ihn persönlich unter die Nadel, wenn er Risse zeigte. Die von Alfred Dassler nach Maß gearbeiteten Ringschuhe, deren Sohlen zur Aufrauhung mit Glasspänen abgerieben wurden, und die weißen Socken wurden genauso mit auf die Fahrt zu jedem Kampf genommen wie die beiden Boxhosen in hellblau und schwarz. Mochten die Kampfhosen auch verwaschen oder zerrissen sein, sie wurden nicht durch neue ersetzt. An ihnen hing die Erinnerung schicksalsschwerer Augenblicke, und das machte sie ihrem Besitzer so wertvoll und unersetzlich. Einmal, als die Kampfhose im Ring zerschunden wurde und es für das Stück Stoff auch durch die Hand eines gewieften Schneiders keine Rettung mehr gab, soll Machon eine neue Hose verzweifelt auf »alt« getrimmt haben, damit Max bloß nichts davon merkte.

Auch mit dem Spanier Paolino Uzcudun war nach den zwei »Rückkampfsiegen« noch eine Rechnung offen: Und auch diese Revanche gewann Schmeling deutlich nach Punkten.

Nun wurde er von Joe Louis als Gegner verpflichtet, in der Hoffnung, der Deutsche würde ein ebensolches »Opfer« abgeben wie die vorherigen 27 Gegner von Louis. Doch Schmeling gewann den »Kampf des Jahrhunderts« durch K.o. in der zwölften Runde. Wenn die beiden Kämpfe zwischen Louis und Schmeling auch ohne das politische Klima von großer sportlicher Bedeutung gewesen wären, so verlieh doch erst die politische Großwetterlage diesen Kämpfen eine gewisse Unsterblichkeit. Wäre es an Schmeling und Louis gewesen, beide hätten auf das politisch eingefärbte Ballyhoo vor den Aufeinandertreffen gut verzichten können. Schließlich respektierten sich beide und hegten keine Haßgefühle gegeneinander. Es ist bekannt, daß der US-Präsident Franklin Roosevelt vor dem zweiten Kampf Joe Louis in dessen Trainingsquartier besuchte, seine beiden Oberarme befühlte und sagte: »Wir brauchen solche Muskeln, um Deutschland zu besiegen.«

Ebenfalls ist bekannt, daß nach Schmelings Triumph im ersten Duell Adolf Hitler den Boxer einlud und beide gemeinsam Kaffee tranken. Später wurde Schmeling wegen seiner Erfolge vom Naziregime als Paradepferd der arischen Überlegenheit benutzt. »Es ist durchaus normal für die Regierung eines Landes, einen erfolgreichen Athleten zu ehren und einzuladen«, befand Schmeling später, »ich will daran auch nichts beschönigen. Mich ärgerte in der Berichterstattung mancher Zeitungen nur, daß immer unerwähnt blieb, wie oft ich eine solche Einladung auch abgelehnt hatte und daß ich ebenso von Präsident Roosevelt empfangen wurde. Roosevelt besuchte sehr oft mein Trainingscamp, und ich hatte mit ihm und seinem Wahlkampfleiter, Jim Crowley, noch lange Zeit später schriftlichen Kontakt, wir tauschten sogar Briefmarken.«

Schmeling mißbilligte die Geschehnisse, aber auch als populärster Sportler und Nationalheld konnte er nur sehr wenig tun. Die Propaganda-Maschinerie von Goebbels verbot letztlich Anti-Nazi-Äußerungen jedweder Art.

Die Erwartungen und Gefühle in Amerika waren vor den beiden Aufeinandertreffen von Joe Louis, dem schwarzen Amerikaner, und Max Schmeling, dem weißen Deutschen, vollkommen unterschiedlich. Vor dem ersten Kampf hielt niemand Schmeling für eine wirkliche Gefahr. Mit dem K.-o.-Sieg wurde Schmeling weltweit bekannt, vielleicht bekannter als durch seinen WM-Sieg sechs Jahre zuvor. Und gleichzeitig diente er fortan als Speerspitze für Hitlers Rassentheorien. Daß Schmeling selbst im Verborgenen einiges gegen das Regime unternahm, ist mittlerweile bekannt. Und man darf nicht vergessen, daß auch er ein Opfer wurde, da sowohl seine Reputation als auch seine sportliche Karriere durch die Politik litten. Nach dem Sieg über Louis sollte er eigentlich einen Titelkampf gegen James Braddock bekommen. Es gab von deutscher Seite aus Interesse, diesen Kampf in Schmelings Heimat austragen zu lassen. Wäre Schmeling kein Deutscher gewesen, hätten diese Bemühungen vielleicht zum Erfolg geführt, aber weil man zwangsläufig an Hitler dachte, schürte es die Angst der Amerikaner. Man befürchtete, daß Schmeling

Braddock schlagen würde und der Titel danach nur schwer aus Deutschland zurückzuholen sei. Damit würde man Louis und anderen Herausforderern die Chance nehmen, um den höchsten Titel im Sport zu kämpfen.

Schwergewichts-Weltmeister waren zu dieser Zeit beinahe heilig. Die Titel wurden nur innerhalb des Ringes gewonnen und verloren. Die einzige Ausnahme galt, wenn der Champion aus freien Stücken seinen Rücktritt erklärte. Heutzutage wird den Weltmeistern in einer alarmierenden Zahl der Titel aberkannt, wenn sie nicht das tun, was der Verband verlangt. Manchmal ist diese Vorgehensweise gerechtfertigt, meistens jedoch nicht. George Foreman wurde der Titel der IBF (International Boxing Federation) aberkannt, nachdem er Axel Schulz einen Rückkampf nach dem kontroversen ersten Kampf verweigerte. Diese Situation hätte in den dreißiger Jahren bedeutet, daß Foreman noch immer als unumstrittener Weltmeister gegolten hätte und Schulz nur durch den Druck der Öffentlichkeit eine erneute Chance bekommen könnte.

Joe Gould, der Manager von Braddock, hatte bereits seine Zusage für einen Kampf auf deutschem Boden gegeben, zog diese allerdings nach den Protesten zurück. Daraus resultierte der lukrative Kontrakt mit Mike Jacobs, dem Promoter von Joe Louis für eine Titelverteidigung in New York. Braddock hatte Baer entthront und wollte den Sieger des 1936er-Kampfes zwischen Schmeling und Louis als Herausforderer akzeptieren. Der Vertrag war unterschrieben, Schmeling ordnungsgemäß zum Wiegen und zur Untersuchung erschienen – nur Braddock erschien nicht, sagte wegen einer Verletzung ab und bekam eine »Strafe« von tausend Dollar aufgebrummt. Braddock trat dann gegen Louis an, der ihn k.o. schlug, sich seinen WM-Titel aber teuer erkaufen mußte. Braddocks Manager Joe Gould hatte einen gewieften Schachzug gemacht, der Louis bares Geld kostete. Zehn Jahre lang mußte er zehn Prozent seiner Börsen an Braddock zahlen.

Mit der entgangenen Möglichkeit auf einen erneuten Titelkampf wurde Schmeling auch die Chance genommen, der erste Schwergewichtler zu werden, der einen verlorenen Titel zurückgewinnt. In finanzieller Hinsicht verschlechterte Schmeling sich, weil er im Rückkampf mit Louis als Nicht-Titelträger nur die Hälfte der Börse bekam. Und wenn Schmeling Braddock geschlagen hätte, wie oft hätte er seinen Titel dann verteidigen können?

Möglicherweise hätte gar das Rematch mit Louis 1938 nicht stattgefunden.

Kampfplakat für den Kampf Louis gegen Schmeling.

Die Geschichte des Rückkampfes mit Joe Louis ist schnell erzählt. Nach nur 124 Sekunden war Schmeling ein geschlagener Mann. Louis stürmte wie entfesselt auf ihn los, landete eine Vielzahl harter Treffer und schlug den Deutschen mehrfach zu Boden. Danach schützten Schmelings Betreuer ihren Mann vor Schlimmerem und ließen den Kampf abbrechen.

Die Stimmung im Vorfeld war durch viele Äußerungen vergiftet worden. Man erzählte Louis, Schmeling habe sich abfällig über Schwarze geäußert und ihn einen unfairen Boxer geheißen. Als Schmeling sich im Schlaghagel der Fäuste etwas abdrehte, landete ein Schlag von Louis in der Nierengegend, und es splitterten zwei Dornfortsätze an Schmelings Wirbelsäule ab. Für Diskussionen sorgte auch das Verhalten des Ringrichters, der das von Schmelings Ecke geworfene Handtuch als Zeichen der Aufgabe nicht akzeptieren wollte und es ignorierend über das Ringseil hängte.

Der Sieg von Louis brachte übrigens einer »Berufsgruppe« viel Kredit: den Sparringspartnern. Louis hatte sich für den Revanchekampf besonders starke und schwere Leute verpflichtet, sie hoch bezahlt und davon letztlich profitiert. Vor dem Kampf schrieben die Zeitungen besorgt um den Trainingszustand von Louis, da »sogar die Sparringspartner ihn ausboxen«, während bei Schmeling die Sparringsgegner an laufende Sandsäcke erinnerten. Louis zahlte seinen Partnern fünfundzwanzig Dollar pro Runde, Schmeling zehn Dollar am Tag. Ein weiterer Schmeling-Sieg hätte nicht zuletzt für die Sparringspartner eine katastrophale wirtschaftliche Verschlechterung bedeutet.

Max Schmeling verhielt sich seinen Kontrahenten im Ring gegenüber immer fair. Nach der umstrittenen Punktniederlage gegen Jack Sharkey war er der erste, der dem Amerikaner zum Sieg gratulierte.

»Später wurden viele Gegner im Ring Freunde fürs Leben – vor allem Joe Louis«, sagte Schmeling, der sich mit Louis viele Male traf, sowohl in Amerika als auch in Deutschland. Die freundschaftliche Verbundenheit ging soweit, daß Schmeling dem mittellosen Freund nach dessen Tod die Beerdigung bezahlte, auch wenn Schmeling dies nur ungern zugab. »Es stimmt, ich habe eine bescheidene Summe überwiesen, vielleicht reichte das für die Beerdigung«, erzählte Schmeling im Gespräch mit Dr. Laurence McNamee, einem renommierten US-Journalisten.

Amerikanische Kritiker führen als Beweis für Schmelings Unterstützung von Hitler immer an, daß er in der Armee als Fallschirmjäger gedient habe.

Schmeling wurde auf Wunsch seines Vorgesetzten Friedrich August Freiherr von der Heydte in die Funktion des Sportoffiziers des Bataillons übernommen, nachdem Hauptmann Schwarzmann, der bei den Olympischen Spielen 1936 im Zehnkampf die Goldmedaille errungen hatte, an den Divisionsstab abgegeben worden war. Von der Heydte erinnert sich in seiner Autobiographie an die erste Begegnung mit Schmeling, der sich in der Schreibstube in »nicht gerade militärischer Form« mit den Worten meldete: »Sie gestatten, mein Name ist Schmeling.«

»Bevor ich überhaupt auf diese merkwürdige Meldung reagieren und etwas gestatten oder nicht gestatten konnte, erschien hinter Schmeling in der offenen Tür der später in Kreta gefallene Hauptfeldwebel meines Stabes und führte Schmeling wieder aus dem Raum. Nach etwa einer Stunde kam Schmeling zurück, auf der Uniform Spuren des Sandes von Bergen-Belsen, die offenbar jeder Bürste widerstanden hatten. Er stand vorschriftsmäßig still und meldete mit fast zu lauter Stimme: ›Gefreiter Schmeling meldet sich mit Wirkung ... in das I. Bataillon des Fallschirmjägerregiments 3 versetzt.‹ Was in der Stunde zwischen der ersten und der zweiten Meldung vor sich gegangen war, habe ich nie erfahren. Die Spuren auf der Uniform ließen darauf schließen, daß Schmeling unter Aufsicht des Hauptfeldwebels ein wenig Bekanntschaft mit dem Boden von Bergen gemacht hatte. In der Folge zeigte sich Schmeling in seiner Kompanie als guter und hilfsbereiter Kamerad, der bestrebt war, seine Pflicht so gut wie möglich zu erfüllen.«

Der Angriff der deutschen Fallschirmjäger auf Kreta wurde auf den 20. Mai 1941 festgesetzt, und von der Heydte zog sich während der letzten Vorbereitungen in sein Zelt zurück. Gemeinsam mit dem Führer des fliegenden Verbandes testete er, »ob ein Zusatz von Cognac die viel zu süßen englischen Ananas eßbar machen könnte«. Kurze Zeit später sei Schmeling im Zelt erschienen und habe – weiß wie eine Wand – gemeldet, daß er an Diarrhöe erkrankt sei. Er fühle sich jedoch seinem Namen verpflichtet und wolle an dem bevorstehenden Einsatz teilnehmen.

»Ich tröstete ihn unter Hinweis auf die Wasserdichte und Güte unserer Sprungkleidung. Darauf entschloß sich Schmeling, sich nicht krank zu melden, eine Entscheidung, die ihm ausgesprochen zur Ehre gereicht. Erst in Kreta – wo Schmeling ohnmächtig zusammenbrach – stellte der behandelnde Arzt fest, daß er an einer lebensgefährlichen, schweren Bazillenruhr erkrankt war. Dazu kam noch eine leichte Verwundung.«

Ende Juli wurde die Truppe mit dem Ritterkreuz ausgezeichnet, und Schmeling verließ auf seinen Antrag hin die Fallschirmjägertruppe. Von der Heydte hat dies bedauert, »da ich ihn als Soldaten und Kameraden schätzte. Schmeling selbst dürfte froh gewesen sein, den braven, aber rauhen Haufen der Fallschirmjäger verlassen zu können«.

Schmelings Dienst in der Armee begann nach der Niederlage gegen Louis, was auch als eine Art Bestrafung für die Niederlage durch Hitler angesehen wurde. Im Kontrast dazu erhoben die Amerikaner Joe Louis in den Rang eines Sergeants, dessen Hauptaufgabe darin bestand, die anderen Soldaten durch Boxvorführungen zu unterhalten. Es darf auch nicht vergessen werden, daß Schmeling trotz heftigem Widerstand an seinem jüdischen Manager Joe »Yussell« Jacobs festhielt.

Jedermann riskierte sein Leben, wenn er Juden zur Flucht verhalf oder sie vor der Gestapo versteckte. Wohl wissend, daß er sein eigenes Leben riskierte, rettete Schmeling vielen Juden dennoch das Leben. Laut einem Bericht im »Jewish Chronicle« vom 5. Januar 1990 versteckte Schmeling während der Reichspogromnacht zwei jüdische Brüder für vier Tage in seiner Berliner Wohnung. Einer der damals noch Jugendlichen, Henri Lewin, wurde später Geschäftsführer einer Hotelkette in Amerika. 1989 organisierte Lewin, als Direktor des Sands Hotel in Las Vegas, eine Ehrengala für Schmeling und machte die bis dato gut gehütete Geschichte publik.

Schmeling tat Gutes und half, ohne es an die große Glocke zu hängen. Seine vor Jahren gegründete Stiftung unterstützt unterschiedlichste Projekte und zeigt den Charakter des Mannes, der in seinem Leben ein glückliches Händchen besaß und nur eines nicht mochte: Singen. Daß er es doch einmal tat, und eigentlich gar nicht schlecht, war nicht geplant. In dem frühen Boxer-Epos »Liebe im Ring«, welches im März 1930 uraufgeführt wurde, spielte Max Schmeling einen jungen Boxer, der sich nach einigen großen Siegen – wie sollte es auch anders sein – in den Fallstricken der großen Liebe verfängt. In diesem Stück mußte Schmeling auf der Bühne zwar seinen Mund nur zum Schein bewegen – es handelte sich um einen Stummfilm –, doch sollte der Film schließlich noch nachvertont werden. Der Komponist der Filmmusik, Artur Guttmann, ließ sich auch durch Schmelings Flehen nicht erweichen: Max mußte singen. Gemeinsam mit Hugo Fischer-Köppe und Kurt Gerron sang Schmeling folgendes »Boxerlied«, wobei Schmelings Einsatz auf den Refrain beschränkt blieb:

> Was hat der Boxer vom Leben der Welt?
> Das muß er meiden, was ihm grad gefällt.
> Sucht er sich manchmal fürs Herz einen Schatz,
> hat er im Ring keinen Platz.

Was hat ein Boxer mit Liebe zu tun?
Nie darf er tun, was er will.
Teilt er sein Herz, dann ist alles bald vorbei,
dann ist's um ihn auf einmal still.

Das Herz eines Boxers kennt nur eine Liebe:
den Kampf um den Sieg ganz allein.
Das Herz eines Boxers kennt nur eine Sorge:
im Ring der Erste zu sein.
Und schlägt einmal sein Herz für eine Frau
– stürmisch und laut –
das Herz eines Boxers muß alles vergessen,
sonst schlägt ihn der nächste knockout!

Ist oft ein Boxer berühmt und beliebt,
weil er im Kampfe sein Bestes nur gibt,
schnell bricht man ihm die geschworene Treu'.
Schnell ist's mit allem vorbei.

Wenn er nur einmal den Kampf nicht besteht,
wer nimmt noch seine Partei?
Nichts als der Spott ist der Dank, wenn er dann geht,
dann kommt der Nächste an die Reih.

Das Herz eines Boxers ...

Schmeling selbst hatte auch noch im Ring seinen Platz, als er sich schon »fürs Herz einen Schatz« gesucht und gefunden hatte. Anny Ondra, die Filmschauspielerin, die in über 60 Filmen mitgespielt hatte, unter anderen in »Die Kristallprinzessin«, »Kiki« (1932), »Frl. Hoffmanns Erzählungen«, »Der Scheidungsgrund« (1937) und »Der Gasmann« (1941), stand in Prag schon als Vierzehnjährige auf der Bühne. Die am 15. Mai 1902 in Tarnow (Galizien) als Anna Sophie Ondrakova auf die Welt gekommene Tochter eines österreichischen Offiziers war die Auserwählte Schmelings, der sie in einem Film bewunderte und sich auf der Stelle in sie verliebte. 1930 gründete sie gemeinsam mit Karl Lamac die Ondra-Lamac-Filmgesell-

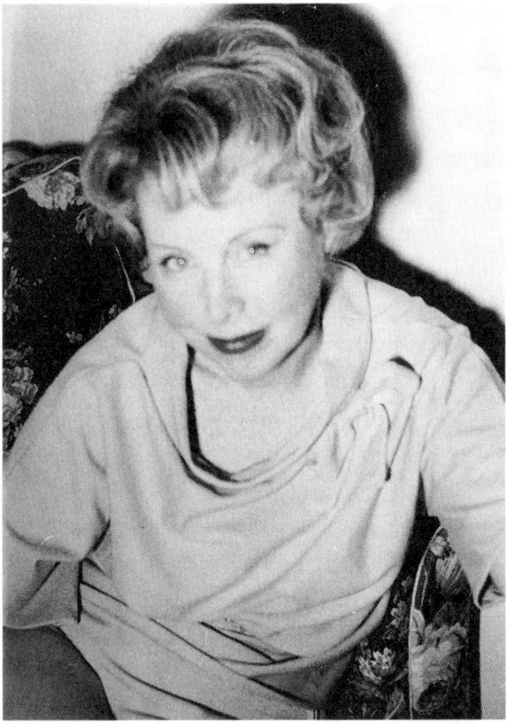

Max Schmelings Frau Anny Ondra.

schaft, die besonders Operettenfilme, Liebesfilme und Filmkomödien drehte. Ihr erster Tonfilm, »Die vom Rummelplatz«, gab auch zu Tanz- und Gesangseinlagen Gelegenheit. Rudolf Arnheim schrieb damals im »Berliner Tageblatt« vom 13. März 1932 über Ondra: »Sie hat etwas von Keatons kalter Schönheit und seiner akrobatisch-tänzerischen Gliederbegabung. Dieser ungewöhnliche Typ des Girl-Golems ist ein Schatz, den unsere Industrie nicht zu würdigen weiß.«

Es brauchte einige Zeit und hartnäckiges Verhandlungsgeschick, ehe sich Anny Ondra bereit erklärte, sich mit Max Schmeling, dem Boxer, zu treffen. »Aber nur fünf Minuten.«

Am 25. Geburtstag von Schmeling saßen beide gemeinsam im »Café Corso« am Reichskanzlerplatz, und aus den bescheidenen fünf Minuten wurden glückliche Jahrzehnte. Die Hochzeit des Traumpaares fand am 6. Juli 1933 in der schmucken

Dorfkirche von Saarow-Pieskow statt. Als Schmeling und Ondra 1983 ihre Goldene Hochzeit nach einem halben Jahrhundert ohne Skandale oder Affären feierten, wurden sie nach ihrem Rezept für eine außerordentlich glückliche Ehe befragt. »Das Leben mit Anny ist zauberhaft. Es hat in diesem Leben mit ihr nie Skandale gegeben, sondern immer nur Glück. Und die Liebe zu meiner Frau erhält mich jung«, erklärte Schmeling, und Anny Ondra fügte hinzu: »Man muß mit Anstand älter werden können, dann wird das Alter unwichtig. Immer gut aussehen gehört auch dazu. Das beste Mittel für gutes Aussehen ist Glücklichsein. Wir sind glücklich. Wir haben uns nie angeschrien und eigentlich nie gestritten.«

Anny Ondra starb am 28. Februar 1987 in Hollenstedt bei Hamburg im Alter von fast 85 Jahren.

Durch den Krieg hatten die Schmelings das Gut in Pommern verloren, und Max kehrte deshalb in den Ring zurück. »Ich war mittellos«, beschrieb er seine Beweggründe für das Comeback, welches ihm drei K.-o.-Siege und zwei Punktniederlagen einbrachte.

Nach dem endgültigen Abschied vom Ring erwarb Schmeling in Hollenstedt bei Hamburg ein großes Haus mit einem prächtigen Garten und ging neben der Nerzzucht und dem Tabakanbau auf die Jagd. Später wurde er auf Vermittlung von Jim Farley, einem Freund aus vergangenen Boxtagen, Coca-Cola-Konzessionär und so ein erfolgreicher Geschäftsmann.

Anfang 1995 wurde ein Kampfplakat des ersten Duells zwischen Joe Louis und Max Schmeling aus dem Jahre 1936 für 4600 Dollar versteigert: mitten in der Renaissance des Boxsports in Deutschland.

Erst Graciano Rocchigiani, dann Markus Bott und Henry Maske und schließlich auch Dariusz Michalczewski, gefolgt von Ralf Rocchigiani gewannen als Boxweltmeister Ruhm und traten das Erbe des alten Mannes an, der ihnen vorgelebt hatte, wie man Erfolg verdient, ihn bekommt und ihn über die Jahre konserviert.

Harry Grayson

Schmeling besiegt Louis – auf dem Times Square

Nach der außergewöhnlichsten Geschichte in meiner mehr als fünfzig Jahre dauernden Sportjournalisten-Karriere befragt, nannte ich ohne zu zögern den K.-o.-Sieg von Max Schmeling über Joe Louis auf dem Times Square.

Schmelings K.-o.-Sieg über Louis am 19. Juni 1936 ist die Nummer eins meiner Hitparade, weil dieser Kampf alle Elemente großen Theaters enthielt.

Da war zum einen die große Überraschung. Mit dem K.-o.-Sieg erreichte Schmeling ein Ergebnis, welches vorher als beinahe unmöglich angesehen worden war. Kämpfe, in denen der Außenseiter letztlich doch als Gewinner den Ring verläßt, gibt es zwar immer wieder mal, aber kaum jemals schafft es der Außenseiter, einen Kampf derart zu dominieren und den Favoriten so zu demontieren.

Da war der grausame Kampf als solcher, der 60 000 Zuschauer so begeisterte, daß sie wegen der dramatischen Ereignisse, die sich im Ring abspielten, zum Teil sogar auf den Stühlen standen. Die Auseinandersetzung war so spannend, daß sie nicht nur den unerfahrenen Beobachtern bis ins Mark ging.

Für Schmeling, seine Betreuer und mich kam noch der Tod von Tom O'Rourke im Umkleideraum hinzu, kurz bevor Schmeling sich auf den Weg in das Seilgeviert begab.

Wegen der wichtigen Rolle, die O'Rourke in diesem Ereignis gespielt hat, sage ich, daß Schmeling Louis auf dem Times Square in New York k.o. geschlagen hat, obwohl der erste Kampf der beiden im Yankee-Stadion stattgefunden hat.

Ich bin davon überzeugt, daß Schmeling Louis niemals so

fürchterlich verdroschen hätte, wenn ich nicht ein paar Tage zuvor meinen Zahnarzt im alten Times Building besucht hätte.

Es war um 10 Uhr vormittags, und O'Rourke saß auf den Stufen des Ausgangs, der auf den Broadway führte. Insider werden sich an O'Rourke erinnern: Er war einer der dienstältesten Promoter in New York und hatte George Dixon, der nur »Little Chocolate« genannt wurde, und Joe Walcott, den Barbados Demon, unter Vertrag. Er arbeitete auch mit Al Palzer, einer »weißen Hoffnung«. Alle drei waren großartige Kämpfer.

Ich wollte zum Trainingslager von Schmeling im Napanoch Country Club nach Catskill fahren, nachdem mir mein rumorender Backenzahn gezogen worden war. Ich lud O'Rourke ein, mit mir zu kommen.

Es war ein normaler Wochentag, und kaum mehr als zwei Dutzend Personen beobachteten Schmeling, der bei seinem Trainingsprogramm müde wie immer aussah. Niemand kümmerte sich um einen zum Verlieren Verdammten, denn niemand glaubte, daß Schmeling eine wirkliche Chance besäße. Niemand erinnerte sich, daß Schmeling »I see zomezings – Ich habe etwas gesehen« gesagt hatte, nachdem er Louis dabei zugesehen hatte, wie dieser den harten Spanier Paolino Uzcudun mit einem einzigen rechten Treffer besiegte.

Sie hätten ihm auch nicht mehr Aufmerksamkeit geschenkt, wenn sie gesehen hätten, was er meinte. Man war sich einig, daß das einzige, was Schmeling gesehen hatte, gebündeltes Dynamit war, dem er nichts entgegenzusetzen hätte.

Schmeling, 31 Jahre alt und gerade in den Anfängen seines Comebacks, mußte Angst haben, Todesangst.

Alles, was er hörte, war, wie hart Louis schlagen könne. Alles, was seine Betreuer ihm sagten, war: »Halte deine Dekkung geschlossen« und: »Sei vorsichtig.«

Als Schmeling nach seinen Trainingseinheiten aus dem Ring stieg, stellte ich ihm O'Rourke vor. Ich erzählte ihm, daß der alte Ire ein bekannter Boxkenner sei. »Du kannst Louis schlagen«, sagte der alte Mann, »alles was er kann, ist schlagen.«

»Ja, schlagen kann er«, antwortete Schmeling.

»Hör ihm zu«, unterbrach Joe Jacobs, Schmelings Manager, »er weiß, wovon er redet.«

Es war ein kleines Fünkchen Hoffnung, und Jacobs wollte, daß sein ängstlicher Tiger die Bedeutung der ermutigenden Worte auch wirklich verstand.

Schmeling hatte nicht erkannt, daß O'Rourkes Aussage »Alles was er kann, ist schlagen« kritisch gemeint war. Der ehrwürdige Gentleman glaubte, daß Louis – damals 22 Jahre alt und noch kein Weltmeister – Fehler machte. Er hielt seine linke Hand zu tief und vieles andere.

Er kannte nicht alle Tricks des Ringes, und die Frage war, wie er einen harten Schlag wegstecken würde. Und Schmeling hatte einen wunderbaren Schlag mit seiner Rechten.

»Biege dich zur rechten Seite und halte deinen Kopf unten«, sagte O'Rourke. Unglaublich – der grauhaarige Mann in den Achtzigern führte die Bewegung vor, seinen Hut noch immer auf dem Kopf. Maxens Name wurde im Englischen »Schmayling« ausgesprochen, aber Old Tom nannte ihn immer »Smelling«.

»Schlag mich, Smelling«, krächzte er, beugte sich nach rechts und hielt seinen Kopf dabei tief. Schmeling schlug für ein paar Sekunden – natürlich ohne volle Kraft. Er konnte O'Rourke jedoch nicht treffen, klopfte ihm letztlich nur anerkennend auf den Rücken. Da glänzten die Augen von Old Tom.

»Jetzt hör' mir zu, Smelling«, fuhr O'Rourke fort, »beuge dich nach rechts, halte deinen Kopf tief und gehe zurück. Louis ist ein großer Kerl. Er muß zu dir kommen. Er wird sich nach vorne beugen und einen linken Jab schlagen. Laß ihm Zeit, bis er nah genug ist, und schlage dann deine rechte Hand, so wie du sie niemals zuvor geschlagen hast. Schlag ihm voll an den Kopf. Er hat ein Glaskinn.«

O'Rourke traf mich am Kampftag in der Arena und fragte, ob wir nicht gemeinsam in den Umkleideraum von Schmeling gehen wollten. Als wir gerade ein paar Meter gegangen waren, sagte der alte Mann: »Mir ist übel, ich ruhe mich lieber etwas aus.«

Fünfzehn Minuten später konnten wir weitergehen. Schmelings Fäuste wurden gerade getaped und bandagiert, und er lief sofort zu O'Rourke hinüber und begrüßte ihn herzlich.

»Jetzt erinnere dich, Smelling«, sagte Old Tom, »beuge dich nach rechts und halte deinen Kopf tief . . .«

Das waren die letzten Worte, die Tom O'Rourke sprach. Er schnappte nach Luft und brach zusammen. Schmeling, Joe Jacobs und der Trainer, Max Machon, halfen dem alten Mann auf eine Liege. Jacobs versuchte Schmeling abzulenken, aber Max schaute weiter auf O'Rourke.

»Ihm ist nur übel«, sagte Jacobs.

»Nein, Joe, er ist tot«, sagte Schmeling.

Mit dieser Gewißheit machte sich Schmeling auf den Weg zum Ring, wo er – nach der Meinung der meisten Zuschauer – seinem Bezwinger Joe Louis gegenübertrat.

Noch wußte Schmeling nicht genau, ob er den Rat des alten Mannes würde befolgen können, aber er hatte die Beschreibung des alten Dr. O'Rourke immer im Hinterkopf.

»Beuge dich nach rechts und halte den Kopf unten!« Manager und Chef-Betreuer Jacobs schrie die Anweisung immer wieder aus der Ecke.

Und Louis machte genau den Fehler, den O'Rourke vorausgesagt hatte. Louis tastete seinen Gegner mit der Führhand ab, und nach zwei Minute lehnte er sich zu einladend nach vorne. Eine krachende Rechte kam wie ein Blitz aus dem Nichts und landete voll am Kinn von Louis. Die Knie des Tigers aus Detroit wackelten. Er war angeschlagen.

Schmeling hatte Louis praktisch zehnmal stehend k.o. geschlagen, ehe Joe vom letzten Schlag und vor völliger Erschöpfung nach zwei Minuten und 29 Sekunden der 12. Runde zusammenbrach.

Jedesmal, wenn Max Schmeling seinen Kontrahenten Louis kurz vorm entscheidenden und kampfbeendenden Schlag hatte, erinnerte er sich an die O'Rourkesche Formel und hielt sich daran. Er beugte sich nach rechts und hielt den Kopf geschützt.

Dies ermöglichte Louis zwar eine ausreichende Erholungspause, so daß er das Kampfende hinauszögern konnte. Doch

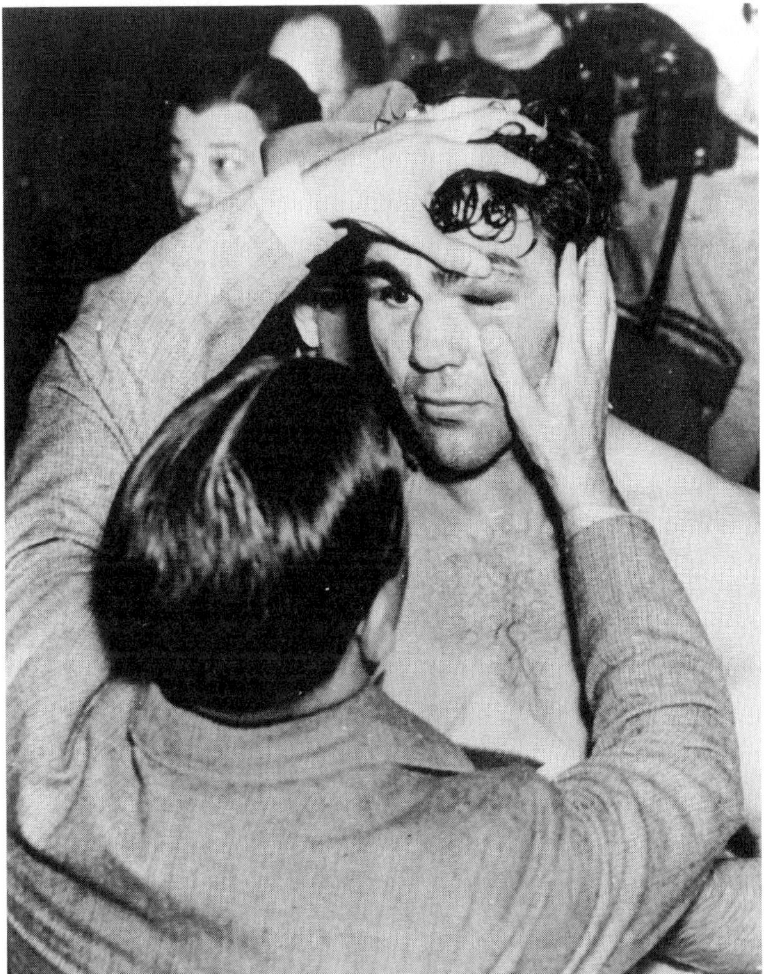

Max Schmeling nach dem Kampf mit Joe Louis.

der Beinahe-Supermann war nicht nur wackelig auf den Beinen, er kämpfte die letzten acht Runden wie betäubt.

Die Power und unglaubliche Schlagkraft, mit der er Uzcudun, Max Baer, Primo Carnera und viele andere schwer k.o. geschlagen hatte, wurde von den schweren Rechten Schmelings, die Runde für Runde an seinem Kinn landeten, förmlich aus ihm herausgeschlagen.

Doch es gab auch ernste Sekunden für Schmeling, auch nachdem er Louis in der vierten Runde am Boden hatte. Das rechte Auge Schmelings schwoll schnell zu, und die Körperschläge schienen ihm schwer zuzusetzen – der erarbeitete Vorteil schien zu schwinden.

Die Spannung hielt an, bis der letzte Schlag landete und Louis, der haushohe Favorit der Buchmacher, sich auf dem Ringboden wiederfand. Auf ein Knie gestützt saß er da, seinen linken Arm um das mittlere Ringseil geklammert. Die linke Gesichtshälfte von Louis begann zuzuschwellen, und beim Abbruch sah es so aus, als hätte der Braune Bomber ein Doppelkinn, so geschwollen war sein Gesicht, auch unter dem linken Auge war eine große Schwellung.

Aber vom äußeren Erscheinungsbild war Schmeling kaum im Vorteil. Sein linkes Auge war ebenfalls fast vollständig zugeschwollen, seine Lippen waren aufgeplatzt und bluteten stark. Louis, der schwarze Zerstörer, der – so wurde angenommen – seinen Gegner vernichten würde, wurde am Ende selbst schwer geschlagen. Geschlagen in einer Manier, die die Boxwelt staunend und nach Luft schnappend in Bewunderung zurückließ.

Das ist es, warum ich glaube, daß dies die ungewöhnlichste Sportgeschichte der letzten fünfzig Jahre ist. Das ist es, warum ich sage, daß Schmeling Louis auf dem Times Square k.o. schlug. Max Schmeling hätte die siegbringende Formel nicht gehabt, hätte ich nicht Tom O'Rourke an der Kreuzung der Welt, am New Yorker Times Square, auf meinem Weg zum Zahnarzt getroffen.

Max Schmeling im Gespräch mit **Peter Ejk**

»Hauptsache, daß der Max Luft hat«

Ejk: Lieber Max, das ganz Drollige ist, daß gerade Ihre Freunde ungestüm auf Ihren Sieg schwören und mancher von ihnen es in menschlicher Ungerechtigkeit als eine persönliche Beleidigung empfinden würde, wenn Sie – aber wir wollen den Sharkey nicht an die Wand malen ...

Schmeling: Lieber Peter Ejk, Sie werden es auch nicht so ganz leicht haben, wenn ich Ihre Erwartung nicht erfülle: Man weiß, wie sehr Sie sich von Beginn meiner Laufbahn an für mich eingesetzt haben, und das erklärt ja auch die vielen Glückwünsche, die Sie bei meinen Erfolgen erhielten. Und gerade Ihr Vertrauen möchte ich am allerwenigsten enttäuschen, denn keiner weiß besser als Sie, was *mein* Sieg – entschuldigen Sie, daß ich dieses gefährliche Wort aus Aberglaube so vorsichtig und leise ausspreche –, also mein Sieg für unseren deutschen Boxsport bedeuten würde.

Ejk: Sie sind sehr liebenswürdig, lieber Max, aber sie unterschätzen bei der Wertung Ihres Sieges die Weisheit der Herren von der großen Politik, die inzwischen gelernt haben, was ein sportlicher Erfolg von international ganz großen Dimensionen bedeutet.

Schmeling: Sie haben das Wort von den Sportdiplomaten geschaffen und von den Sportgesandten. Und wenn ich daran denke, daß ich nun im Sinne von Peter Ejk ein solcher Sportdiplomat werden soll, dann wird mir doch ziemlich klein und häßlich zumute. Man kann aber zu Hause überzeugt sein, daß ich gut vorbereitet in diesen Kampf gehen und alles tun werde, um mir nicht den Vorwurf zuzuziehen, daß ich leichtfertig gehandelt hätte.

Ejk: Übrigens, da fällt mir ein, lieber Schmeling, daß wir Sie auch als eine Art finanziellen Botschafter nach Amerika schikken. Denn als der Finne Nuurmi Amerika durch seine gewaltigen Leistungen verblüffte, da ist sicherlich mancher Amerikaner erst auf den Gedanken gekommen, auf der Landkarte nachzusehen, ob denn überhaupt ein Finnland existiert und wo es liegt.

Schmeling: Da kann ich also annehmen, daß mein unsichtbarer Sekundant im Ring und Schutzengel der deutsche Finanzminister ist.

Ejk: Haha.

Schmeling: Hoffentlich ist mein voraussichtlicher Gegner um den Titel, Jack Sharkey, nicht die Veranlassung, daß mir nach einem schweren und verlustreichen Kampfe mehr weh als mutig am Kopf und um den Magen herum ist.

Ejk: So ist's recht, lieber Max – immer mit Humor, wenn es auch schiefgeht.

Schmeling: Übrigens hat mich neulich eine Dame gefragt, welches denn eigentlich meine aktive Legitimation für diesen Kampf um den Titel ist, da ich doch weder Deutscher Meister noch Europameister bin. Damit ich dieser Dame, die übrigens nur meine sogenannte Berühmtheit bewundert, Rechenschaft geben konnte, habe ich ihr eine Biographie von mir geben müssen.

Ejk: Also, schießen Sie mal los, was haben Sie ihr erzählt?

Schmeling: Das einzige, was unbedingt feststeht ist, daß ich geboren bin. Das geschah in Klein-Luckow, einem Dorf in der Nähe von Prenzlau, am 28. September 1905. Mein Vater war Steuermann, meine Mutter ihm eine gute Frau und mir eine liebevolle Mutter. Als ich ein Dreivierteljahr alt war, packte mich die Sehnsucht nach Hamburg. Meine Eltern gaben meinen frühzeitigen Wünschen nach und zogen 1906 nach Hamburg. Dort ging ich zur Schule und kam dann als Kaufmannslehrling in eine Annoncen-Spedition. Im Jahre 1924 trat ich einem Amateurverein bei, in dem ich den ersten Boxunterricht

Der Sieger: Max Schmeling verläßt den Zug.

erhielt. Mein erster Gegner war ein Sportkollege aus Neuss, den ich in der ersten Runde mit K.o. besiegte. Ende 1924 wurde ich bereits Professional. Czapp aus Düsseldorf war mein erster professioneller Gegner, den ich in der sechsten Runde ebenfalls mit K.o. besiegte. Mein erster besserer Erfolg war gleich die Deutsche Meisterschaft im Halbschwergewicht, in der ich Diekmann in der ersten Runde ebenfalls k.o. schlug. Dann gewann ich 1927 die Europameisterschaft im Halbschwergewicht, verteidigte sie erfolgreich im Jahre 1928, holte mir vier Wochen später meine einzige richtige K.-o.-Niederlage in Frankfurt am Main und gewann sechs Wochen später die Deutsche Schwergewichtsmeisterschaft gegen Franz Diener nach Punkten über 15 Runden. Ich hatte, wie Sie ja wissen, drei Titel, nämlich den eines Deutschen Meisters im Halbschwergewicht, eines Deutschen Meisters im Schwergewicht und eines Europameisters im Halbschwergewicht. Im Mai 1928 ging ich nach Amerika.

Ejk: Sagen Sie, Max, welcher Kampf in Amerika war denn eigentlich Ihr schwerster?

Schmeling: Das war mein allererster Kampf drüben, der gegen Joe Monte. Ich war nämlich einige Tage vor dem Kampf krank geworden, verlor sechs Pfund Gewicht und ging nervös und verärgert in den Ring. Ein Dreivierteljahr hatte ich nicht mehr geboxt, meine Technik und meine Schlagkraft waren ungebrochen vorhanden, aber ich war seelisch so zermürbt, daß ich in der achten Runde, als ich meinen Gegner mit K.o. besiegte, sehr erleichtert aufatmete, denn jede Runde war mir eine Qual gewesen.

Ejk: Und nun ein Blick in die Zukunft.

Schmeling: Bald gibt es nur noch harte Arbeit, um mich in Höchstform zu bringen, damit ich im Kampf um die Weltmeisterschaft nicht vorzeitig ermüde oder mir der Atem ausgeht. Meine Parole am Kampftag muß heißen: »Die Hauptsache ist, daß der Max Luft hat.«

Jack Sharkey

»Ich bin der wahre Weltmeister«

Der rechtmäßige Schwergewichts-Weltmeister – da bin ich mir sicher – sollte eigentlich Jack Sharkey heißen. Sobald ich wieder mit Max Schmeling in den Ring steige, werde ich es allen beweisen. Was mich in meinem Gefühl bestärkt, ist, daß die Presse und auch die meisten Boxfans dies genauso sehen wie ich. Die Regeln und Grundsätze der New Yorker Boxkommission zeigen, daß Schmeling nicht berechtigt ist, sich »Schwergewichts-Weltmeister« zu nennen.

Eine der gültigen Regeln der Boxkommission zum Zeitpunkt meines Kampfes mit Schmeling besagte, daß es einer mehrheitlichen Entscheidung der Punktrichter und des Ringrichters bedarf, um einen Boxer zum Sieger wegen Foul zu erklären. Ringrichter Jimmy Crowley hat ausgesagt, daß er keinen unerlaubten Tiefschlag von mir gegen Schmeling gesehen hat. Diese Meinung wurde von einem der Punktrichter, Charles Mathison geteilt. Nur Harold Barnes, einer der anderen Punktrichter, will einen Tiefschlag gesehen haben.

William Muldoon, eines der ältesten und ehrenwertesten Mitglieder der Kommission, machte den Vorschlag, den Kampf als »ohne Entscheidung« zu werten, anstatt eine unpopuläre Entscheidung zu treffen. Er wurde jedoch überstimmt. Muldoon und James A. Farley, Vorsitzender der Kommission, erklärten Schmeling in meinem Beisein, daß er aus ihrer Sicht jede Runde verloren habe. Muldoon ergänzte: »Wenn du den Titel unter diesen Umständen annimmst, wirst du dich später schämen für das, was du getan hast. Für mich ist dieser Kampf noch nicht beendet. Du solltest gegen Sharkey ein zweitesmal antreten – so schnell wie möglich.« Ich bin mir sicher, alles für eine schnelle Neuansetzung des Revanchekampfes getan zu haben. Ich akzeptierte ohne großartige Verhandlungen 12,5 Prozent der Einnahmen als meine Börse und verpflichtete mich, davon auch Arthur Bülow, Schmelings früherem Manager, die Summe zu bezahlen, die er eigentlich von Schmeling bekommen müßte. Dieses Angebot bekräftigte ich, als Schmeling sich weigerte, überhaupt nochmal zu boxen, solange der Vertrag mit Bülow noch Bestand hatte, da dieser auch nicht einen Cent seiner Einnahmen bekommen sollte.

Ich weiß, daß Schmeling – besser als jeder andere in seinem Umfeld – weiß, daß er in mir seinen Meister gefunden hat. Schließlich war es Schmeling, der meine linke Führhand und meine Haken sowie meine harte Rechte in unserem Kampf »schlucken« mußte.

Als ich mich auf den Kampf mit Schmeling vorbereitete, bin ich immer davon ausgegangen, daß es der härteste Kampf meiner Karriere werden wird. Schmeling hatte Johnny Risko durch K.o. besiegt und auch den Spanier Paolino Uzcudun geschlagen. Außerdem war er jung und sehr ambitioniert.

Ein weiterer Grund meiner Vorbereitung: Es handelte sich schließlich um einen Titelkampf. Ich hatte mir immer vorgestellt, wie es wäre, um die Meisterschaft zu kämpfen. Ich wollte alles geben, von der ersten bis zur letzten Sekunde alles geben, um am Ende vorne zu liegen. Desto überraschter war ich, als sich dieser Meisterschaftskampf zu einem meiner leichtesten Kämpfe entwickelte und ich so überlegen war.

Als ich mich im Ring solchen Boxern wie Godfrey, Wills, Jack Dempsey, McTigue, Weinert, Johnny Risko, Tom Heeney und Young Stribling gegenübersah, zwangen sie mich dazu, schwere Schläge einzustecken. Jeder einzelne dieser Kämpfe entwickelte sich zu einem harten Kampf.

Nun erwartete ich noch mehr Gegenwehr von Schmeling. Ich stand unter Dampf und wollte es allen beweisen. Mit diesem Gefühl stieg ich in den Ring. Als der Gong zur ersten Runde ertönte, verließ ich meine Ecke mit der Überzeugung, alle meine boxerischen Fähigkeiten in die Waagschale werfen zu können.

Max kam gleich auf mich zu, und ich begann, meine Führhand zu schlagen. Er ging weiter vorwärts, und ich traf ihn wiederholt mit meiner Linken. Dann kombinierte ich die linken Jabs mit linken Haken. Die erste Runde war eine sehr einfache Runde für mich. Als ich zurück in meine Ecke ging, fragte ich meinen Trainer und Manager Johnny Buckley, wie es aussah. »Sehr gut«, antwortete Johnny, »du wirst keinerlei Schwierigkeiten mit dem Burschen haben.«

Auch in der zweiten Runde traf ich Schmeling mit der Linken zum Kopf und ans Kinn. Es war ganz einfach, ihn zu treffen. Ich wunderte mich ernsthaft – warum war er als ein so guter Boxer eingeschätzt worden?

Anstatt hier und heute meinen härtesten und bedeutendsten Kampf zu kämpfen, befand ich mich in meinem leichtesten Kampf. In der dritten Runde verschärfte ich das Tempo. Nachdem ich ein wenig mit der Linken in seiner Deckung herumgestochert hatte, knallte ich ihm meine rechte Gerade ans Kinn. Schmeling knickte ein wenig ein, und seine Augen wurden ganz glasig. Ich setzte mit mehreren Rechten zum Kinn nach – es waren genau vier Stück –, und beim Schlußgong der dritten Runde war Schmeling schon in einer sehr schlechten Verfassung. Wenn ich gewollt hätte und konsequent nachgesetzt hätte, hätte ich Schmeling bereits in der dritten Runde ausknocken können. Meine Kampfstrategie war es jedoch, langsam zu arbeiten und nichts zu überstürzen. Schließlich geht ein Titelkampf über fünfzehn Runden, und aufgrund meiner Strategie war ich mir nun sicher, ihn spätestens zwischen der siebten und zehnten Runde ausknocken zu können. Wie schon zu Beginn der zweiten Runde war es sehr einfach gewesen, Schmeling zu treffen. Ich hatte ihn am Seil gestellt und mit meiner Rechten getroffen, was bei ihm Wirkung zeigte. Am Ende der dritten Runde begann sich Schmelings rechtes Auge zu schließen. Sein Gesicht war auch schon geschwollen. Ich spürte, daß er in spätestens drei oder fünf weiteren Runden völlig am Ende sein würde. Im vierten Durchgang kam ich gleich mit linken und rechten Händen durch. Sein Gesicht war ein kaum zu verfehlendes Ziel. Er war couragiert, steckte nicht auf und zeigte auch den Kampfeswillen, der in vielen jungen Kämpfern steckt. Aber Courage und Kampfeswillen allein machen einen Boxer noch nicht zum Gewinner.

Wie gesagt, es schien mir nur noch eine Frage der Zeit zu sein, bis ich der Champion sein würde. Auch ein mutiger Kämpfer kann nicht lange durchhalten, wenn seine Augen von den Schlägen des Gegners zuschwellen.

Zum Ende der vierten Runde entschloß ich mich, auch zu seinem Körper zu arbeiten. Bis zu dieser Zeit hatte ich mich ausschließlich auf seinen Kopf konzentriert. Ich legte meine Kraft in einen mit der linken Hand geschlagenen Aufwärtshaken zum Körper. Er landete genau auf dem Solar-Plexus, dem Nervengeflecht unter dem Brustbein. Es war einer der Schläge, mit denen auch schon die Boxer früherer Zeiten ihre Gegner zu Boden schickten. Es war ein absolut fairer Schlag, der mit großer Kraft geschlagen war. Der Deutsche mußte zu Boden und versuchte danach, wieder auf die Beine zu kommen. Als Max gerade im Begriff war, aufzustehen, schaute er kurz in seine Ecke hinüber. Danach fiel er wieder zu Boden und machte Anzeichen, er sei von einem Foulschlag getroffen worden. »Tiefschlag«, erklärte Ringrichter Jimmy Crowley sofort. Ich stand nur da, als der Ringrichter durch den Ring stürmte, um Schmeling zum Sieger wegen Fouls zu erklären. Punktrichter Harold Barnes hatte erklärt, das Foul gesehen zu haben.

Als Schmeling zum Sieger erklärt wurde, fühlte ich mich wie jemand, dem man gesagt hatte, er sei Millionär geworden, und dem man später mitteilte, daß man sich in der Person geirrt habe und der Gewinn an jemand anderen gehe: Ich hatte den Titel praktisch schon in der Hand, da wurde er mir wegen des unbegreiflichen und unerwarteten Urteils wieder geraubt. Das offizielle Urteil war ein Schock für mich, aber ich hatte mich selbst unter Kontrolle. Ich beherrschte meine Gefühle und stand leise und ruhig in meiner Ecke, während das Ergebnis bekanntgegeben wurde. Danach schüttelte ich Max die Hand und verbeugte mich in alle vier Ringecken.

Mein Herz war wegen der Entscheidung gebrochen, aber ich sagte immer wieder zu mir, daß Sharkey nun beweisen muß, daß er ein wahrer Champion ist – trotz der Niederlage.

In meiner Umkleidekabine brach mein Manager und Trainer Johnny Buckley zusammen und weinte. Im Ring hatte er sich ebenfalls beherrscht, aber hier in den eigenen vier Wänden, wo wir ungestört waren, gab er sich ganz seinen Gefühlen hin. Ich dachte an meine Frau, die in einem Hotel im Norden der Stadt auf mich wartete und fragte mich, welchen Effekt dieser schockierende Ausgang auf sie haben würde. Nach dem Duschen zog ich mich schnell an und fuhr zurück zu meinem Hotel.

Meine Frau wartete bereits auf mich. Sie war zutiefst enttäuscht wegen meiner Niederlage, aber auch wieder zuversichtlich, daß sich alles vielleicht noch zu meinen Gunsten entwickeln würde. Johnny Buckley, Al Lacy und Tony Palazzola – meine Betreuer – kamen ebenfalls bald in unser Hotel.

Für einige Zeit war ich sauer auf die ganze Boxwelt. Ich spielte mit dem Gedanken, mich ganz zurückzuziehen und nie wieder zu boxen. Doch meine Freunde sprachen von einem Rematch mit Schmeling. Zeitungsreporter besuchten mich und sagten, daß ich vorne gelegen habe und daß die Fans Max Schmeling solange nicht als Champion anerkennen würden, solange er nicht gegen mich gewonnen hätte. Durch das ständige Zureden kamen meine Lebensgeister und mein Wille langsam wieder. In mir reifte der Entschluß: »Ich will nochmals mit Schmeling in den Ring.« Nach einiger Zeit war ich dann wieder mit meiner Frau alleine. Es war zwei Uhr morgens, und unten auf der Straße verkauften die Zeitungsjungen bereits die ersten Extraausgaben mit allen Details des Kampfes.

»Wenn wir jetzt nach Hause fahren, sind wir noch rechtzeitig zu Hause, bevor die Kinder aufwachen«, sagte ich zu meiner Frau.

»Dann laß uns losfahren«, antwortete sie.

Einige Minuten später fuhren wir in unserem Auto die Boston Post Road entlang nach Hause. Die Kinder standen wirklich gerade auf, als wir daheim eintrafen. Für einige Zeit schien mir die Niederlage im WM-Kampf nichts mehr auszumachen. Ich hatte schließlich auch noch andere Schätze – meine beiden Kinder.

Es freute mich, später zu lesen, daß viele Leute glaubten, ich sei der bessere Boxer und Allround-Fighter im Vergleich zu Schmeling. Die Unterstützung der Medienleute war großartig. Sie bestätigten mich darin, weiterzuboxen und nicht aufzugeben. Als erstes würde ich versuchen, einen Revanchekampf mit Schmeling zu bekommen – auch wenn ich dafür auf meine Börse würde verzichten müssen. Sollte dies fehlschlagen, würde ich jeden anderen Ranglistenmann schlagen.

Schließlich hatte ich meinen Ruf meiner Kampfkraft zu verdanken. Kämpfen und nicht bloß reden war es, was die Menschen von mir erwarteten. Ich war bereit, den Kampf zu liefern.

Bin ich entmutigt? Nicht im geringsten. Ich glaube immer noch, der beste aller Schwergewichtler zu sein. Und sollte Schmeling versuchen, einem Revanchekampf aus dem Wege zu gehen, indem er nur leichte Herausforderer akzeptiert, werde ich meine Berechtigung dadurch unter Beweis stellen, daß ich die besseren Gegner schlage. Ich habe mir den Gewinn der Weltmeisterkrone vorgenommen, und nicht weniger wird mich befriedigen können. Ich habe meine erste Chance vertan, aber wenn ich eine zweite Chance bekomme, werde ich die Dinge ändern und durch K.o. gewinnen.

Jack Hirsch

»Sharkey hat Schmeling nie gemocht«

Joe Louis war nicht der einzige Boxer, mit dem Max Schmeling rivalisierte. Bevor Louis überhaupt begann, als professioneller Boxer in den Ring zu steigen, hatte Schmeling bereits zwei dramatische und denkwürdige Kämpfe mit dem Amerikaner Jack Sharkey ausgefochten.

Im Gegensatz zu den zwei Kämpfen gegen Louis, die recht klar und eindeutig endeten, sind die Entscheidungen der beiden Duelle zwischen Max und Sharkey die am meisten diskutierten und kontroversesten in der Geschichte des Boxens.

Wenn man über sogenannte »Grudge Matches«, also Kämpfe, deren Rivalität nicht auf den Ring begrenzt ist, spricht, sind die Duelle zwischen Muhammad Ali und Joe Frazier die ersten, an die man sich erinnert. Aber auch Sharkey und Schmeling verband eine Haßliebe, die sich im Verlauf der Jahre nicht besserte.

Anders als Ali und Frazier, die zumindest miteinander sprechen oder sich mittlerweile, Jahre nachdem beide ihre sportliche Karriere beendet haben, sogar wieder gegenseitig Witze erzählen können, war zu keiner Zeit viel Positives in der Beziehung zwischen Schmeling und Sharkey.

Dies läßt sich vor allem auf drei Gründe zurückführen: Unterschiedliche Persönlichkeiten, unterschiedliche Nationalitäten und das große Unrecht, welches beide ihrer Meinung nach erfuhren, als sie gegeneinander im Ring standen.

Jack Sharkey kann sich rühmen, der einzige Mann zu sein, der sowohl gegen Jack Dempsey als auch gegen Joe Louis die Fäuste kreuzte: Beide gelten auch heute noch als zwei der besten Schwergewichtler, die es jemals gegeben hat. Im Jahre

1927, Schmeling wurde gerade Europameister und Deutscher Meister im Halbschwergewicht, ging Sharkey gegen Dempsey in der siebten Runde k.o. Und im Jahre 1936, als Schmeling seinen vielleicht größten Sieg über Louis perfekt machte, verlor Sharkey gegen Louis in der dritten Runde entscheidend. Beide Resultate gehören nicht gerade zu den Glanzlichtern in Sharkeys Karriere. Dennoch: Im Kampf mit Dempsey hatte Sharkey den Altmeister am Rande einer Niederlage. Er konnte so harte Treffer anbringen, daß Dempsey Jahre später erzählte: »Sharkey war der beste Mann, gegen den ich jemals geboxt habe. Ich hatte wirklich Bedenken, daß er mich k.o. schlagen könnte.«

Nach Punkten zurückliegend, landete der verzweifelte Dempsey ein paar Tiefschläge. Daraufhin wurde Sharkey ärgerlich, drehte sich zum Ringrichter, um ihn darauf aufmerksam zu machen. Als Sharkey sich also drehte, legte Dempsey die ganze ihm noch verbliebene Kraft in einen kurzen linken Haken, der Sharkey voll am Kinn traf und ihn bis weit über die Zeit ins Land der Träume schickte.

Seit diesem Vorfall ist es gute Tradition, daß die Ringrichter jedem Boxer vor der Freigabe des Kampfes sagen, er solle sich zu jeder Zeit selbst schützen.

Diese Niederlage war besonders schlecht für die Karriere Sharkeys, da dem Sieger das Herausforderungsrecht gegen den Weltmeister Gene Tunney, der zuvor Jack Dempsey entthront hatte, in Aussicht gestellt wurde. Statt also seine Chance bereits 1927 zu bekommen – von der er selbst glaubte, sie verdient zu haben –, mußte Sharkey bis 1930 warten, als er gegen Schmeling um den vakanten Titel antreten durfte.

Als Schmeling zum erstenmal nach Amerika kam, wurde er als der neue Dempsey gepriesen. Zum einen, weil er dem populären Dempsey sehr ähnlich sah, und zum anderen auch wegen seines harten Schlages. Durch die Umstände, unter denen Sharkey gegen Dempsey verlor, machten die Ähnlichkeiten zwischen Schmeling und Dempsey, dem »Manassa Mauler«, den Deutschen für Sharkey nicht gerade sonderlich sympathisch. Sharkey, der seinen Spitznamen »The Boston Gob« wegen seiner geschwätzigen Natur erhalten hatte, machte keinen Hehl aus seinem Plan, wie er Schmeling schlagen wolle. Und er schien seinen Worten Taten folgen zu lassen. Sharkey kontrollierte den Kampf auf der langen Distanz, scheuchte Schmeling durch den Ring und landete mehr und vor allem die härteren Schläge. Die ersten drei Runden gingen klar an Sharkey, und es wurde nun angenommen, daß unter diesen Vorzeichen ein vorzeitiger Erfolg Sharkeys geradezu in der Luft hing.

Im schlechtesten Fall jedoch würde dieser Kampfstil ihm einen komfortablen Punktsieg ermöglichen. In der vierten Runde nahm der Kampf jedoch eine unerwartete Wendung, als Sharkey einen linken Haken in Schmelings Unterleib schlug. Schmeling ging zu Boden und gab mit schmerzverzerrtem Gesicht dem Ringrichter zu verstehen, daß er gefoult worden sei. Jim Crowley, der den Kampf leitete, gab an, daß er keinen Tiefschlag gesehen habe, sprach aber dennoch mit den anderen Offiziellen am Ring. Einer von ihnen, Harold Barnes, sagte aus, er habe gesehen, daß Schmeling gefoult worden sei. Seine Version wurde von einem der Reporter unterstützt, der den Kampf ebenfalls aus nächster Nähe gesehen hatte.

Schmelings Betreuer schleppten ihren Mann zurück in die Ecke, zeigten an, daß er auf keinen Fall weiterboxen könne. Sie forderten eine Disqualifikation Sharkeys. Dies war insofern eine risikoreiche Strategie, da der Ringrichter darauf hätte bestehen können, daß Schmeling den Kampf fortsetzt, und im Falle einer Weigerung Sharkey zum Sieger erklärt worden wäre. Der Referee versuchte noch, Schmeling zum Weitermachen zu überreden, aber Max lehnte ab.

Zum Glück für das Team des Deutschen einigte sich das Kampfgericht darauf, Sharkey zu disqualifizieren und Schmeling zum Sieger zu erklären. Dies machte Schmeling zum ersten und bislang auch einzigen Mann in der Geschichte des Boxens, der die Weltmeisterschaft im Schwergewicht durch ein Foul gewann.

War Schmeling wirklich nicht in der Lage, den Kampf fortzusetzen, oder war er eher der Überzeugung, den Kampf nur noch durch Disqualifikation gewinnen zu können?

Diese Frage wird man nie mit letzter Sicherheit beantworten können. Die amerikanische Öffentlichkeit zeigte sich jedenfalls enttäuscht vom Verhalten Schmelings. Man ging davon aus, daß der Tiefschutz, den er ja getragen hatte, eigentlich auch dem härtesten Schlag in die Genitalien die Wirkung genommen haben müßte. Und selbst wenn der Schlag ihn so sehr beeinträchtigte, hätte er erst einige Minuten Erholung in Anspruch nehmen können, ehe er den Kampf dann eventuell fortgesetzt hätte. Die Vorstellung, daß ein Mann die Schwergewichtsweltmeisterschaft im Boxen gewinnen könnte, während man ihn kampfunfähig in seine Ecke tragen mußte, empörte viele und schmälerte letztlich auch Schmelings Popularität in Amerika. Um die Umstände des Sieges zu relativieren, gab Schmeling Jack Sharkey 1932 in der Madison Square Garden Bowl in Long Island, New York, ein Rematch. Für Schmeling war es die zweite Verteidigung seiner Krone. Ein Jahr zuvor hatte er die Kritiker mit einem eindrucksvollen K.-o.-Sieg in der 15. Runde über Young Stribling verstummen lassen. Im zweiten Kampf mit Sharkey boxte Schmeling sehr viel besser als noch im ersten Aufeinandertreffen. Schmeling sah zu jeder Zeit des Kampfes wie der überlegene Mann aus. Vor der 15. und letzten Runde – so die Meinung der Beobachter am Ring – bestand Sharkeys einzige Chance noch darin, einen entscheidenden Schlag anzubringen und einen K.-o.-Sieg zu landen. Was sich im Ring während der Schlußrunde abspielte, beschreibt das »Ring Record Book« von 1968 so:

»Beide Boxer gehen gleich in den Schlagabtausch, aber auch hier ist Max der Überlegene. Schmeling zeigt seine bessere Boxschule und hat auch nach einem schweren rechten Haken von Sharkey an sein Kinn alles unter Kontrolle. Max sucht nun ebenfalls die vorzeitige Entscheidung, aber Sharkey kann dagegenhalten, arbeitet viel mit seiner linken Führungshand. Ab und zu versucht es Sharkey mit einem gefährlich aussehenden Heumacher, trifft aber nicht. Jack kommt mit einer Linken durch, wird sofort von einer Rechten Max' gekontert. Max setzt den Amerikaner nochmals unter Druck, ein siegesgewisses Lächeln auf den Lippen. Jack nun mit dem Mut der Verzweiflung. Von den wilden Treffern platzt die Lippe von Max auf, blutet etwas. Es entwickelt sich nun immer mehr zu einem wilden und unkontrollierten Kampf. Max behält auch beim Schlagabtausch am Ende der Runde die Oberhand. Sharkey geht am Rundenende sofort in Schmelings Ecke, spricht dort mit Max.«

Dann der Skandal: Die Ringrichter errechneten einen knappen Punktsieg zu Gunsten von Sharkey. Ringrichter Gunboat Smith und George Kelley sahen Sharkey als Sieger, nur Charles Mathison votierte für Schmeling. Hätte dieser Kampf nicht in den USA stattgefunden, wären die Punktrichter vielleicht zu einem anderen Ergebnis gekommen. Boxreporter James Doyle vom »Cleveland Plan Dealer« schrieb in seiner Titelreportage über den Kampf: »Max dachte, genau wie seine Betreuer und viele der Zuschauer, daß er gewonnen habe. Aber er hätte wohl noch einige Runden gewinnen müssen, um in diesem Land einen Punktsieg zugesprochen zu bekommen.«

Das Urteil gegen Schmeling läßt sich mit dem des Kampfes zwischen Axel Schulz und George Foreman vergleichen. Auch wenn manche Beobachter das Urteil für Foreman gerechtfertigt sahen, so schien es in den Augen der Mehrheit doch ungerechtfertigt zu sein. Auf dem Weg zurück in die Kabine konnte Schmeling sein Unverständnis für dieses Urteil kaum verbergen. Sein Manager Joe Jacobs prägte in der ersten Aufregung die Worte, die das schändliche Fehlurteil beschreiben: »We wuz robbed« (Man hat uns bestohlen).

Die Niederlage gegen Sharkey nahm Schmeling den WM-Titel und warf ihn in seiner Planung für einige Jahre zurück.

Auch wenn man nicht mit letzter Sicherheit sagen kann, wie seine Karriere verlaufen wäre, hätte er den Sieg zugesprochen bekommen, so kann man davon ausgehen, daß Schmeling – von der Papierform ausgehend – mindestens drei weitere erfolgreiche Titelverteidigungen gemacht hätte. Sharkey verlor den Titel gleich in der ersten Titelverteidigung gegen Primo Carnera. Schmeling war der um Klassen bessere Boxer im Vergleich zu Carnera, hätte wohl kaum Schwierigkeiten mit dem Italiener gehabt. Und Carnera machte dann seinerseits zwei erfolgreiche Titelverteidigungen gegen den Spanier Paolino Uzcudun und den Halbschwergewichtler Tommy Loughran. Schmeling boxte in seiner Karriere dreimal gegen Uzcudun und verlor keinen der Kämpfe. Loughran war Max physisch unterlegen, und es gibt keinen Grund zu der Annahme, daß Schmeling gegen einen der beiden in Gefahr einer Niederlage gewesen wäre.

In seiner dritten Titelverteidigung im Jahre 1934 verlor Carnera den Titel an Max Baer. Wenn man bedenkt, daß Baer ein Jahr zuvor Max Schmeling in zehn Runden k.o. geschlagen hatte, könnte man annehmen, daß er der Mann gewesen wäre, der Schmeling unter Umständen entthront hätte. Aber dies ist nichts weiter als graue Theorie und Spekulation.

Sharkey war drei Jahre älter als Schmeling, und selbst wenn er noch nicht auf dem absteigenden Ast war, als er gegen Schmeling antrat, so war er sicher schon über den Berg, als er gegen den »Braunen Bomber« Joe Louis in den Ring stieg.

Ironie des Schicksals: Es war Louis' erster Kampf nach der K.-o.-Niederlage gegen Schmeling zwei Monate zuvor.

Der 33jährige Sharkey fühlte sich beflügelt durch die Tatsache, daß es Schmeling gelungen war, Louis zu entzaubern. Wenn sein alter Rivale, dem er sich überlegen fühlte, so mit dem talentierten Bomber umgehen konnte, würde er sicher in der Lage sein, es ihm nachzutun. Er äußerte sich sehr zuversichtlich, hatte aber im Kampf nie auch nur den Hauch einer wirklichen Chance und wurde von Louis bereits in der dritten

Runde entscheidend bezwungen. Dies war zugleich Sharkeys letzter Kampf.

Sharkey starb 1994 im Alter von 91 Jahren. Nachdem er sich 1936 vom Boxen zurückgezogen hatte, sprach er nur sehr selten über seine Laufbahn. Er war ein begeisterter Angler und verbrachte die letzten Jahre seines Lebens in einem Pflegeheim, ohne zu wissen, was sich um ihn herum abspielte.

Sein Manager, Johnny Buckley, der 1974 starb, war immer wie ein Vater zu ihm gewesen. Sharkeys Hauptgesprächspartner, wenn es um Boxen ging, war der Sohn seines Managers, Jack Buckley. Und Buckley Jr. sprach auch sehr oft mit seinem Vater über den Karriereverlauf Sharkeys. Die Erinnerungen, die Buckley Jr. an die Beziehung Sharkey–Schmeling hat, basieren auf den Aussagen Sharkeys. »Sharkey mochte Schmeling nicht allzu sehr«, erzählte Buckley, »er hatte immer den Verdacht, daß Schmeling den Tiefschlag im ersten Kampf nur vorgetäuscht hatte, um zum Sieger durch Disqualifikation ernannt zu werden. Er war sich sicher, daß Schmeling hätte weiterboxen können, aber diesen Weg der Entscheidung vorzog, aus Angst, er könne durch k.o. verlieren. Auch im zweiten Kampf glaubte Sharkey, der klare Sieger zu sein. Er konnte die ganze Aufregung nicht verstehen. Besonders die Äußerungen von Schmelings Manager Joe Jacobs waren ihm unverständlich. Was man über Sharkey wissen muß, ist, daß er keinen seiner Gegner vor den Kämpfen mochte. Er war an sich ein netter Kerl, wenn man ihn näher kannte, obwohl er auf Außenstehende nicht gerade einen freundlichen Eindruck machte. Es ist möglich, daß Sharkey Max für einen Nazi gehalten hat, aber selbst wenn das so gewesen sein sollte, wird es ihn im Ring nicht beeinflußt haben, da der Krieg ja auch erst später losging. Zu dieser Zeit mochte Sharkey Deutschland insgesamt nicht, und aus diesem Grund konnte natürlich auch kein besonders herzliches Verhältnis zu Schmeling entstehen. Allerdings mochte er den Halbschwergewichtler Adolf Heuser sehr. Heuser wurde hier in Amerika ebenfalls von meinem Vater gemanagt und verlor 1933 nur nach Punkten gegen Maxie Rosenbloom im Kampf um die Weltmeisterschaft, gewann dann 1938 die IBU-Version des Championats. Bei seinen US-Aufenthalten entwickelte sich eine innige Freundschaft zwischen Heuser und Sharkey. Auch Heuser verurteilte die Dinge, die in Deutschland während des Krieges vor sich gingen.

Mein Vater dachte übrigens nie daran, einen dritten Kampf zwischen Sharkey und Schmeling zu organisieren. Er sagte immer: »Schmeling hat uns auf den zweiten Kampf lange warten lassen. Nun, wo wir den Titel haben, brauchen wir Schmeling nicht mehr.«

Meine Meinung von Schmeling ist auch nicht gerade die beste. Das hat folgenden Hintergrund: Einige Jahre bevor Sharkey starb, schrieb ich Schmeling einen langen Brief, in dem ich ihm mitteilte, daß es Sharkey nicht gutgehe. Ich sagte Schmeling, er solle doch Vergangenes vergangen sein lassen und einen Brief an Jack aufsetzen, der ja mittlerweile in einem Pflegeheim war. Ich hoffte, daß dies Sharkey wieder ein wenig aufrichten könnte, auch wenn er bestimmt sauer auf mich würde, wenn er herausfände, daß ich es organisiert hatte.

Schmeling antwortete darauf nie und sah wohl nicht mal die moralische Verpflichtung, ein Telegramm zum Tode von Sharkey zu schicken. Ich fragte beinahe täglich beim Sohn von Sharkey nach, ob sich Max gemeldet habe. Aber er verneinte immer, Max hatte es nie getan. Ich habe dadurch viel Respekt für Schmeling verloren. Trotz des harten Kampfes und der Umstände in dem Kampf mit Dempsey, mit den schlechten Auswirkungen für Sharkey durch die Niederlage, wurden beide später Freunde. Zwischen Schmeling und Sharkey war dies – leider – nie der Fall.

Rinze van der Meer

Mein schönster Tag

Die vielen Teile der Fernsehserie »Hallo Max« habe ich, wie wohl jeder richtige Vollblut-Boxfan in der Mitte der sechziger Jahre, mit großem Interesse verfolgt. Obwohl ich seit den Filmen »Himmel ohne Sterne«, »Unter deutschen Brücken« und »Die große Freiheit Nr. 7« den Schauspieler Gustav Knuth sehr bewunderte, galt mein vorrangiges Interesse ohne jeden Zweifel dem Mann, der international meist nur »Herr Max« genannt wird.

Die von Harry Valerien moderierte Serie zeigte die schönsten Bilder der Goldenen Boxzeiten. Daß Herr Max »mit 60 noch nicht k.o. war«, konnte man deutlich feststellen. Als gemütlicher und angeregter Erzähler mit sofort erkennbarer und unverwechselbarer Stimme fesselte er mich durch eine Reihe von herrlichen Anekdoten und Kurzgeschichten vor dem Bildschirm.

Keine Frage, ich wollte mehr über diese Boxgeschichten wissen und diese Kampfszenen auch besitzen. Also beschaffte ich mir über verschiedene Quellen aus allen Ecken der Vereinigten Staaten Kopien der Kämpfe auf 8-mm-Filmen und studierte stundenlang, was sich damals in diesen ereignisreichen Kämpfen tat.

Während meiner Militärzeit, die ich im NATO-Flakraketen-Stützpunkt Stolzenau an der Weser, nahe Minden, verlebte, besorgte ich mir Literatur über die deutschen Boxheroen. Ein frühes Werk, »acht, neun ... aus«, verschlang ich, als ob es zur Pflichtlektüre der Oberrealschule gehört hätte. Die umfassende Biographie von Schmeling, »Erinnerungen«, die 1977 erschien, wurde meine Alma mater. Herr Max erwies sich abermals als

Zeitzeuge erster Klasse. Er beschrieb seine Karriere und die Zeit nicht selten sehr kritisch und immer detailgenau. In mir reifte der Entschluß: Diesen Mann wollte ich auch kennenlernen. Als ich dann viele Jahre später an einem Samstagnachmittag wiederum im Fernsehen Zeuge einer Gesprächsbegegnung zwischen einem Zwölfjährigen und dem ehemaligen Weltmeister wurde, war ich überrascht und begeistert zugleich. Unwissend, wer sein Gesprächspartner wirklich war, plauderte der Schuljunge ungehemmt. Der junge Bursche liebte das Fußballspielen und fand in Schmeling, der ja früher selbst Torwart gewesen war, einen begeisterten Zuhörer. Es wurde nicht das übliche Gespräch, wie man es wegen der mehr als 70 Jahre Altersunterschied hätte erwarten können. Nein, vielmehr entwickelte sich eine muntere Plauderei unter Freunden, zwei gleichberechtigten Partnern. Obwohl der Altmeister wesentlich mehr hätte erzählen können, zeigte er sich als geduldiger Zuhörer und trug so mehr zum Gelingen des Gesprächs bei.

Wiederum war mein Gedanke: Wäre es doch nur möglich, diesen Mann persönlich treffen zu können.

Trotz meiner vielen und unterschiedlichsten Bemühungen hatte ich zunächst keinen Erfolg. Und ihn einfach so mal zu besuchen, wie ich es dann und wann bei vielen amtierenden und ehemaligen Meistern überall in Europa gemacht habe, wo ich immer freundlich aufgenommen wurde, ging schon gar nicht: Nicht umsonst gibt es im Sonnenweg in Hollenstedt keine Türklingel.

Nach langem Warten kam zu meinem Glück Hilfe aus dem Freundeskreis Max Schmelings.

So stand ich an einem kalten Februarmorgen in Hollenstedt und meldete mich Punkt zwölf am Treffpunkt, dem Restaurant »Hollenstedter Hof«. Schmeling achtet sehr auf Pünktlichkeit und pflegt zu sagen: »Fünf Minuten zu früh ist genauso unpünktlich wie fünf Minuten zu spät.«

Ich wurde vorgestellt: »Max, dies ist der Journalist aus Holland, von dem ich dir geschrieben habe.« Ein breites

Lächeln von Schmeling, während er – wie früher im Boxring üblich – beide Hände nach vorne schob. Jetzt nicht zum Kampf, sondern zu einer sehr herzlichen Begrüßung.

Nach einem kurzen Wortwechsel ist der Gastherr überzeugt, daß kein Interview vorgesehen ist. Nein, ich bin nur ein begeisterter Sportsfreund, dem nach 30 Jahren sein sehnlichster Wunsch in Erfüllung geht. Im kleinen Kreis soll Mittag gegessen werden. Ich bleibe etwas im Hintergrund, doch mir wird der Platz schräg rechts neben »Herr Max« zugewiesen. »Es ist doch heute Ihr Tag!« sagt der Schmeling-Freund, der dies alles ermöglichte. Als ich – immer noch zögernd – auf meinen Platz zugehe, wird der Gastgeber aktiv: »Nimm doch Platz.« Nach einem Aperitif genießen wir eine herrliche Suppe. Danach wird eine vorzügliche Auswahl an verschiedenen Gerichten serviert. Während alle zugreifen, warte ich einen Moment und genieße den Augenblick. Da passiert etwas, was seit meiner Jugend nicht mehr geschah: Ich bin sprachlos und erfreut zugleich. Schmeling nimmt meinen Teller und legt ein paar Kartoffeln darauf. »Möchten Sie mehr? Nein?« Er deutet auf eine verlockend aussehende Speise: »Das schmeckt herrlich, das kann ich Ihnen empfehlen.« Seit der Zeit, als ich noch bei meiner Mutter wohnte, ist mir ein Essen nicht mehr so liebevoll angerichtet worden. Aber meine Kompaktkamera bleibt, wo sie ist. Ein Foto würde diesen Moment zwar ein für allemal einfangen, würde aber nicht zeigen können, was ich in diesem Moment fühle. Und es würde die Intimität des Augenblicks ganz zerstören.

Ich merke, Curd Jürgens hatte recht: Die schönsten Bilder trägt man im Herzen. Wie im Film erlebe ich diesen äußerst schönen Moment.

Nach geraumer Zeit sagt Schmeling einladend: »Na, dann wollen wir mal sehen, ob meine Haushälterin den Kaffee und Kuchen fertig hat.«

Da ich als einziger Neuling in diesem Kreis dabei bin, gehe ich davon aus, daß dies nicht für mich gilt und will mich verabschieden. Doch da greift Hollenstedts Gemeindedirektor a. D. ein: »Selbstverständlich gehen Sie auch mit. Sie gehören schließlich auch dazu.«

Als letzter fahre ich wenige Minuten später durch das Grundstückstor und stelle meinen Wagen etwas weiter weg als die anderen, abseits in den Wald. Schnell entwickelt sich aus der allgemeinen guten Laune eine sehr heitere und angenehme Stimmung. Am Tisch wird weitergeplaudert. Aufmerksam verfolgt der Gastherr die unterschiedlichen Gespräche und reagiert schlagfertig hin und her. Später zeigt er mir ein paar schöne Gegenstände aus seiner aktiven Zeit mit hohem Erinnerungswert. Immer wieder zeigt er seine Jugendlichkeit und erstaunliche Vitalität, obwohl er 40 Jahre und einen Tag älter ist als ich.

Langsam wird es Zeit, Abschied zu nehmen. Der Gastherr begleitet mich nach draußen. Hände werden geschüttelt, die besten Wünsche verteilt, und einer nach dem anderen startet sein Auto. Als letzter will auch ich gehen, da hält mich die Hand, die Joe Louis k.o. schlug, am Ärmel zurück. »Herr van der Meer – haben Sie eine Familie?« Ich antworte. »Geht der Junge gerne zur Schule?« Ich bejahe. Sehr nachdenklich fragt Schmeling weiter: »Was will der Junge denn später mal werden?« Wie zu erwarten, hört er aufmerksam zu, als ich ihm die Interessen meines Jungen mitteile. Natur, Umwelt und Forstwirtschaft – darauf versteht sich Schmeling schließlich auch.

Vor sechs Stunden war ich noch ein Unbekannter und gehe – so abgedroschen es auch klingen mag – als Freund.

Als ich mich Hamburg nähere, haben die Lichter für mich einen besonderen Glanz und einen anderen Ausdruck als für die anderen Verkehrsteilnehmer.

Am folgenden Abend muß ich während meines Fernsehkommentars über die vor meinen Augen stattfindende Weltmeisterschaft immer wieder an den schönen Nachmittag bei Schmeling denken. Meine Blicke kreuzen die meines langjährigen Freundes. Er weiß, woran ich, trotz des »WM-Kampfes«

vor meiner Nase, denke. Mensch, was für ein Tag, was für ein Erlebnis. Mit einem Geschenk kann man den Dank für soviel Herzlichkeit nicht genügend zum Ausdruck bringen. Als im März 1987 im Fernsehen der Film »Der Gasmann« von 1941 lief, weil der Hauptdarsteller Heinz Rühmann Geburtstag hatte, berichtete die Ansagerin nachher: »Wie wir soeben erfahren haben, ist die Hauptdarstellerin Anny Ondra vor wenigen Tagen gestorben und in aller Stille beerdigt worden.« Es brach mir damals beinahe das Herz. Wie sehr mein Sportheld sie geliebt und geschätzt hat, ist jedem wohlbekannt. Die gierige Sensationspresse fand nie das Geringste, um etwas Negatives zu schreiben. Zwei beispielhafte Menschen, eine beispielhafte Ehe, besonders in dieser immer mehr Normen verlierenden Welt.

Ich nahm Anteil, schickte verspätet Blumen. Bald kam Post aus Hollenstedt. »Sie haben mir mit dem Blumenstrauß, welcher am Grabe meiner Frau niedergelegt wurde, eine große Freude bereitet. Ich möchte mich sehr herzlich dafür bedanken.«

Weitere Sätze zeugen von Hochachtung und persönlichem Interesse. In mehr als drei Jahrzehnten als sammelwütiger Boxfan habe ich Post und Briefe aus aller Herren Länder bekommen. Der von »Herr Max« ist mir der wertvollste.

Seinen Status als Weltmeister hat er im Ring erkämpft. Das ist über 60 Jahre her. Den Zusatz »ein großer Deutscher« verdiente er sich mit seiner wahrhaft großen Persönlichkeit, in der er Charakter und Klarheit, Eigenständigkeit und Verstand sowie die Fähigkeit zur Freude und zur Freundschaft vereint.

So möge es noch viele Jahre bleiben.

»Der Max und seine geliebte Anny«

Persönlich bekannt wurde ich mit Max Schmeling 1941 in »Munds Hotel am Marktplatz« im pommerschen Stolp. Ich war zu einem Lehrgang in Stolpmünde und kehrte von dort zurück an die Leningrader Front. Der Max hatte seinen Kreta-Einsatz hinter sich und pendelte zwischen verschiedenen Standorten und seinem Gut Ponnickel, östlich von Stolp gelegen, zwölf Kilometer vor der polnischen Grenze. Aus der Bekanntschaft wurde Freundschaft, und ich schätze mich glücklich, denn Max Schmeling ist ein Mensch, wie man ihn nur ganz selten trifft. Sein zeitloser Ruhm als populärster Sportler aller Zeiten und aller Sportarten in Deutschland basiert nicht nur auf seinen sportlichen Leistungen, sondern in erster Linie wohl auf seiner Persönlichkeit, seinem Charisma. Dieses Wort wird heute viel gebraucht, und mit einem einzigen deutschen Wort ist es schwer zu übersetzen. Ausstrahlung ist sicher keine schlechte Deutung, genau wie Charme, natürliche Intelligenz, Überlegenheit ohne Anmaßung. Ein paar Begriffe von liebenswerten Eigenschaften, die diesen Mann in besonderem Maße auszeichnen. Er hat sich niemals bemüht, mit den Großen des Jahrhunderts in Kontakt zu kommen. Die bemühten sich um ihn – von Sven Hedin bis zu den amerikanischen Präsidenten, die ihn alle empfingen.

Als der US-Präsident Gerald Ford Deutschland besuchte, veranstaltete man für ihn eine Rheinfahrt und setzte auf dem Schiff Anneliese Rothenberger und Max Schmeling an seine Seite: Max, den »Vorzeige-Deutschen«.

Anneliese Rothenberger erzählte mir: »Der Präsident kannte Schmeling natürlich als alter Sportler und sprach fast nur mit ihm, aber das wunderte mich nicht, und ich war deshalb dem amerikanischen Präsidenten nicht böse.«

Charisma ist sicher eine Erklärung für sein Wesen. Man könnte ihn auch einen echten »Souverän« nennen, einen Herrscher, der er nicht von Geburt an war. Keine ererbte Hoheit, sondern eine erworbene, erworben als ein Ringkönig, der nach der Karriere noch viel an Format gewann, und so souverän sein Leben führt, das viel mehr Höhen als Tiefen kennt und ihn schon heute zu den »Unsterblichen« gemacht hat.

Mit fast traumwandlerischer Sicherheit machte er alles richtig, mit beneidenswerter Großzügigkeit revanchierte er sich für Kränkungen mit Großmut und Verständnis. Ich denke dabei nur an jenes schlimme Buch von Rolf Nürnberg, einem tüchtigen jüdischen Ullstein-Journalisten, der Schmeling ganz schlecht behandelt hat. Da gibt es Redewendungen von dem Boxer mit dem Kalmückenschädel, dem Mann, der seinen Manager entließ – doch wahrscheinlich kennen Sie das Buch, das für mich allerdings eher die Ausgeburt einer Haßliebe ist, über die sich Rolf Nürnberg vielleicht selbst nicht im klaren war.

Er emigrierte nach Amerika und konnte nicht recht Fuß fassen, sondern lebte dürftig und hoffnungslos. Da traf ihn Schmeling in den Staaten, erfuhr von seiner Misere und verschaffte ihm bei der deutschsprachigen Zeitung »Herold« einen Job, den er ohne Schmelings Fürsprache niemals bekommen hätte. Angesprochen auf diese gute Tat, lenkt er, dem Lobhudeleien unangenehm sind, schnell ab und erzählt von einer Überschrift im »Herold«. Als ein Mann seine Frau mit dem Messer umgebracht hatte, lautete sie folgendermaßen: »Mann messert Frau – Floh im Nachthemd«.

Max Schmeling hat viel Sinn für Humor, und gerade solche Episoden schüttelt er aus dem Ärmel, genau wie jene Headline nach seinem Blitz-K.o. im August 1939 in Stuttgart über Adolf Heuser, einer Begegnung, die vor einer ungeheuren Menschenmenge im Stuttgarter Neckarstadion stattfand, das im Dritten

Reich in Adolf-Hitler-Kampfbahn umgetauft worden war. Und da widerfuhr in der Eile der Herstellung dem Redakteur ein Fehler. Der »Sportbericht«, schon nach dem Kampf vor den Stadiontoren zu kaufen, trug die Überschrift: »Max Schmeling schlug Adolf Hitler in der Adolf-Heuser-Kampfbahn k.o.«

Sein Wort war auch sicher mitentscheidend, als es darum ging, ob Amerika die Olympischen Spiele in Berlin 1936 boykottieren würde, weil inzwischen die nach Amerika emigrierten Juden verlangten, man solle durch Fernbleiben von den »Nazi-Spielen« gegen Judenverfolgung und Konzentrationslager demonstrieren. Avery Brundage traf Schmeling, als das amerikanische Olympische Komitee tagte, im gleichen Hotel, in dem Schmeling in Amerika zu wohnen pflegte, und glaubte dem Deutschen, der meinte, es werde bei den Spielen keine Diskriminierung von schwarzen oder jüdischen Sportlern geben. Heute ist er im Zweifel, ob sein damaliges Statement, auch wenn in der Tat die Spiele harmonisch verliefen, richtig war, denn er hakt nichts in seinem Leben ab, sondern arbeitet es auf, wo Bedarf besteht.

Es gibt kaum ein Wissensgebiet, für das Schmeling sich nicht interessiert, und ich darf auch da ein kleines G'schichterl erzählen. Willi Knörzer, der schwäbische Boxveranstalter, hatte Max Schmeling zu einem seiner Killesberg-Kampftage eingeladen, und am Abend vor dem Ereignis lud er ihn in seine Villa ein. Der Max wollte, daß ich mitkomme, und ich tat es natürlich gerne. Wir gingen einen langen Fußmarsch durch den Park der Villa zum Haus, und Schmeling nannte mir die Namen von Bäumen, Gräsern, Pflanzen, denn dieser naturverbundene Mann kennt sich aus in der Flora und auch in der Fauna. Es gab ein kleines kaltes Buffet, und es fehlten auch nicht leckere Räucheraale. Max fragte mich, ob ich wisse, wo diese Aale auf die Welt gekommen seien. Ich lachte und fragte, ob er diesen Leckerbissen zu Lebzeiten womöglich persönlich gekannt habe. Aber unser Naturmensch Max hatte erfahren, daß alle Aale im Bermuda-Dreieck geboren werden, denn die Aale schwimmen, wenn sie geschlechtsreif sind, aus ihren Seen und Flüssen ins Meer und beginnen die lange, lange Wanderung in die Sargassosee. Dort bringen sie ihre Jungen zur Welt und sterben. Die kleinen Glasaale schwimmen der Heimat ihrer Eltern zu und erreichen diese in den meisten Fällen. Die in den Bodensee wollen, schaffen allerdings die Barriere des Rheinfalls von Schaffhausen nicht, weshalb man an der Atlantikküste kleine Glasaale abfängt, in Kisten zwischen nasse Glaswolle packt und an das Schwäbische Meer befördert, wo sie ausgesetzt werden. So muß der Bodensee nicht auf die Aale verzichten.

Ein paar Wochen später traf ich wieder einmal Konrad Lorenz, mit dem ich manches Interview machte, und erzählte ihm diese Episode mit Max Schmeling, die ihm viel Spaß machte, denn er kannte den deutschen Weltmeister, schätzte ihn und freute sich über sein Interesse an solchen Dingen. Der Nobelpreisträger beauftragte mich, Max noch eine Zusatzinformation zukommen zu lassen. In seinem gemütlichen Wienerisch führte er aus: »Man zerbrach sich den Kopf, wie sich diese winzigen Fischlein orientieren, den Weg finden, glaubte an Erdmagnetismus und Empfangsorgane für Wellen im Fischkörper, bis einer auf die Idee kam, ihnen die Nasenlöcher zu verstopfen. Da war es aus, und sie schwammen im Kreis. Diese kleinen Tiere haben nämlich einen ins Gigantische vergrößerten Geruchssinn, der ihnen den Weg weist.« Und Lorenz brachte, um die Qualität dieses Geruchsorgans darzustellen, den Vergleich: »Schütten Sie in den Bodensee einen Tropfen Rosenöl. Mischen Sie das Wasser dieses größten deutschen Sees gut durcheinander, und der kleine Aal wird immer noch das Rosenöl riechen.«

Maxens Vater war ein HAPAG-Steuermann. Um ihn zwischen seinen Reisen länger zu sehen, zog seine Mutter von Klein-Luckow in der Uckermark, Maxens Geburtsort (den er übrigens auch in seiner Stiftung bedacht hat), nach Hamburg. Aber Schmeling zog es nie zur See. Er blieb dem Land verbunden, auch wenn er das Schiff als Verkehrsmittel genauso schätzt wie Auto, Eisenbahn, Flugzeug und Luftschiff. Auch da gibt es einen Sack voller Geschichten. Geschichten, wie er im »Zeppelin« vor der amerikanischen Küste Haie vor einem Badestrand sichtete und den Kapitän informierte, der ihn lachend beruhigte: »Die kenne ich, die patrouillieren nur. In Strandnähe ist es ihnen zu laut.« Oder als er mit einem kleinen Flugzeug (Pilot und drei Passagiere) in der Wüste notlanden mußte und diesen Unfall unversehrt überstand, und, und, und …

Also der Landmensch blieb erdverbunden, kaufte sich im pommerschen Ponnickel ein Landgut und bewirtschaftete es selbst, bis es durch den Krieg verloren ging.

In Hamburg blieb er nicht in der Stadt, sondern kaufte sich in Hollenstedt (dreißig Kilometer westlich von Hamburg) ein 1000 mal 1000 Meter großes Grundstück in der Geest. Da hat er auch eine Jagd gepachtet, ist Jäger und Heger und der glücklichste Mensch der Welt, wenn er auf dem Hochstand sitzt, die Tiere beobachtet, den Vogelstimmen lauscht, nachdenkt und nie an die Mahnungen seiner treubesorgten Anny denkt: »Maggi«, so nannte sie ihren Mann liebevoll, »zieh dich warm an, bleib nicht immer so lange, erkälte dich nicht.«

Anny starb im März 1987. Max handelte sich vor zwei Jahren eine lebensbedrohende Lungenentzündung auf dem Hochsitz ein, lag im Krankenhaus in Buxtehude, hatte Wasser in der Lunge, wurde punktiert, und es vergingen bange Wochen, bis er gerettet war. Da hat er oft an seine Anny gedacht.

Doch noch schnell zu seiner Stiftung, die er mit einem Kapital von einer Million Mark (O-Ton Max: »Alles aus meinem Privatvermögen, kein Firmenkapital«) begann, welches inzwischen aufgestockt wurde. Die Dresdner Bank gibt ihm die Zinsen, die beim Start vor drei Jahren 100 000 Mark ausmachten und (alljährlich) an zehn Gruppen verteilt wurden und – mittlerweile erhöht – verteilt werden: an arme Leute in Hollenstedt; an Bedürftige in Klein-Luckow, seinem Geburtsort; an den Fonds zum Wiederaufbau der Hamburger Nikolaikirche; an notleidende alte Journalisten; an mittellose ehemalige Boxer usw.

Als junger Boxstar in der Weltstadt Berlin, als Deutscher Meister und Europameister, riß sich die High Society um ihn.

Besonders hingezogen fühlte er sich zum »Flechtheim-Kreis«, einem Zirkel, den der damals bedeutendste Kunsthändler Deutschlands um sich geschart hatte. Da lernte er große Künstler, Wirtschaftsführer, Politiker, Maler und Schriftsteller kennen. Da zeigte Flechtheim ihm Bilder von Picasso und empfahl Max: »Das sollten Sie kaufen.« Max lachte und meinte: »Ich glaube nicht, daß ich mir so etwas an die Wand hängen würde.« Da lachte Flechtheim und meinte: »Nicht aufhängen, sammeln.« 5000 Goldmark hätte das Bild 1929 gekostet. Heute müßte man zwei Nullen dranhängen, um es zu erwerben. Doch Schmeling weint dem entgangenen Gewinn nicht nach, sondern meint, daß man halt auch Lehrgeld zahlen muß.

Doch jetzt endgültig zu seiner Anny, die er vom ersten Kennenlernen bis zu ihrem Tod liebte. Ich war viele Male bei Max Schmeling, in erster Linie in Hollenstedt, doch »live« traf ich Anny Ondra zum ersten Male in dem Haus am Maiglöckchenweg, einer kleinen Seitenstraße der Alsterkrugchaussee, das Max sich Ende der vierziger Jahre, bald nach Kriegsende, mit viel Eigenarbeit gebaut hatte und für das ihn die englischen Besatzer ein paar Wochen einsperrten, weil angeblich zur Baugenehmigung (die vorlag) das Kopfnicken irgendeines uniformierten Bonzen gefehlt hatte. Doch er trägt's den Tommies nicht nach.

Da wollte ich den Max besuchen. Ein hübsches, frisches Frauenzimmerchen mit weißer Schürze, Staublappen in der Hand, machte auf und meldete: »Herr Schmeling ist in Düsseldorf bei einem Kampftag.« Die einstudierte Phrase zur Abwimmelung lästiger Autogrammjäger?

Ich bestellte Grüße und nannte meinen Namen. Da dämmerte es ihr, denn Schmeling hatte ihr manches von mir erzählt. Übrigens hatte ihre Auskunft gestimmt, und später haben wir noch oft gelacht in der Erinnerung an die Begegnung im Maiglöckchenweg, als ich die Schmeling-Frau als hübsches Stubenmädel angesehen hatte. Nun, sie hatte bis ins hohe Alter etwas Mädchenhaftes, wog immer hundert Pfund und tanzte förmlich von einem Platz zum anderen in ihrem häuslichen Bereich, in ihrem Gemüsegarten, zum Gartentor, zu den »Besuchskatzen«, von denen noch die Rede sein wird, zum Bade- und Karpfenteich, eine quicklebendige Frau, die in über siebzig Filmen zum Liebling von Millionen geworden war.

Manchmal war ich in Hollenstedt unangemeldet eingefallen, auf irgendeiner Reportagefahrt, die mich in die Nähe geführt hatte, und wenn Anny dann sagte, der »Maggi« käme gleich aus Hamburg, dann erlebte ich immer einen »Heimkehrer«, der ein paar Blumen, eine Näscherei, ein Buch nach Hause brachte, Gaben, über die sie sich beinahe so freute, als hätte sie einen Bambi oder Oscar bekommen.

An Schmelings 25. Geburtstag lernten Max und Anny sich kennen. Und das kam so: Schmeling hatte in Berlin am Sachsenplatz 10 eine Wohnung gemietet und war dort eingezogen. Gegenüber, in unmittelbarer Nachbarschaft, wohnte eine hübsche Dame. Der Weltmeister beobachtete die grazile, blonde Person und verliebte sich auf den ersten Blick in sie. Als er freilich eines Tages einen Kinderwagen auf dem Balkon entdeckte und zudem noch einen mit Inhalt, da stürzte für ihn eine Welt ein. Sollte sein Schwarm verheiratet und Mutter sein? Er erkundigte sich und brachte schließlich heraus, daß die schöne Nachbarin Anny Ondra heiße, Filmschauspielerin sei, und daß der Kinderwagen – samt Inhalt – zu einer Freundin der Anny gehöre, die zu Besuch war und den Sprößling in der frischen Sommerluft »geparkt« hatte. Der verliebte Boxer war über diese Nachricht so froh, als hätte er noch einmal die Weltmeisterschaft im Schwergewicht gewonnen. Doch wie sollte er in Verbindung kommen mit der Angebeteten? Er eröffnete sich einem Freund, und dieser brachte die Sache ins Rollen. Dieser Heiratsstifter hieß Paul Damski, war gebürtiger Litauer und spielte in den Gründerjahren des deutschen Boxsports eine große Rolle. Juwelier Damski managte Boxer, trat auch als Veranstalter und Funktionär in Erscheinung. Er hatte verschiedene Kämpfe mit Max Schmeling in Berlin veranstaltet und später auch Walter Neusel gemanagt, den Mann, der in den dreißiger Jahren in die Weltrangliste vorstieß und einige Zeit sogar dort besser eingestuft war als Schmeling. Es kam dann freilich zu einer Klärung des Kräfteverhältnisses 1934, bei der in Hamburg Schmeling durch K.o. gewann.

Zunächst zog Damski als Postillon d'amour aus, um Anny Ondra für seinen jungen Freund zu gewinnen. Die Anny erzählte mir: »Es klingelte an meiner Wohnungstür, der Mann sprach so komisch und so gebrochen Deutsch und sah ein bißchen merkwürdig aus, so daß ich ihn durch den Türspalt, den die Sperrkette freiließ, abwimmelte und an meinen Werbechef verwies.« Doch Damski war nicht der Mann, sich abfertigen zu lassen. Er telefonierte und kam wieder. Da die Anny gerade den Besuch ihrer Mutter und einer Freundin im Haus hatte, ließ sie Damski ein. Und Damski gelang es, sie zu überreden, am 25. Geburtstag Max Schmelings mit ihm zusammenzutreffen. Lassen wir die Anny selbst weiter erzählen: »Ich ließ mich breitschlagen, den Herrn Schmeling für fünfzehn Minuten in einem Kaffeehaus zu treffen. Und ich erwartete einen ungehobelten Gewaltmenschen. Welch ein Irrtum. Ich war überwältigt. Das war ja ein Gentleman. Übrigens auch Max Machon, den ich später kennenlernte, war ein großartiger Kerl. Es dauerte viel länger als das vereinbarte Viertelstündchen, und wir fuhren danach sogar noch lange spazieren. Doch niemand sollte etwas von unserer Bekanntschaft wissen. Wir gingen getrennt ins Kino – Machon besorgte die Karten. Wir trafen uns heimlich, und dann ging ich einmal, wir kannten uns schon mindestens zwei Jahre, nach einem Einkaufsbummel auf dem Ku'damm, als ein Zeitungsjunge krähte: Max Schmeling heiratet Anny Ondra. Damit war es heraus. Am 6. Juli 1933 wurden wir auf dem Standesamt in Berlin zivil und dann in Saarow kirchlich getraut.«

Man nennt die Anny eine Pragerin, doch sie kam am 15. Mai 1903 in Parnow zur Welt, wo ihr Vater, ein österreichischer k.u.k.-Oberst, Dienst in Galizien tat. Einige Zeit lebte sie auch

Seit 1933 waren Max Schmeling und Anny Ondra verheiratet.

mit ihren Eltern in Pola in Istrien und kurze Zeit auch auf der Insel Brioni, Titos langjähriger Lieblingsinsel, als Papa Ondra dort stationiert war. Dann erst kam die Versetzung nach Prag. Sie besuchte die Klosterschule und überraschte die Eltern mit der Mitteilung, daß sie Schauspielerin werden wolle, eine ganz ernste, dramatische Schauspielerin, und sie versuchte sich auf der Bühne als »Die Sanfte« in »Der Widerspenstigen Zähmung«. Doch dann holte Lamac sie zum Film, der sie nie mehr los ließ.

Lamac hatte die Schauspielschülerin eislaufen gesehen und war fasziniert von diesem Geschöpf, von den schönen Sprüngen und Pirouetten, die ihn begeisterten.

Nun, das Eislaufgarn möchte ich noch ein wenig weiter spinnen. Hollenstedt liegt nicht in der Arktis, aber mitunter friert der Karpfen- und Badeteich im Winter doch zu, und immer dann suchte die Anny ihre Schlittschuhe heraus und frönte der alten Liebe zur fast schwerelosen Bewegung auf dem Eis, kam immer strahlend und mit roten Backen ins Haus zurück zu ihrem Max, dessen Glück freilich nicht auf zwei schmalen Kufen ruhte.

Noch ein anderer Großer des Films, Alfred Hitchcock, war lebenslang ein Freund von Max und Anny. Er hatte in seinem ersten Tonfilm »Blackmail« Anny Ondra als Hauptdarstellerin verpflichtet. Hitchcock verehrte die Anny, wußte freilich, daß er gegen den Max keine Chance hatte und dokumentierte seine Sympathie für Max und Anny in vielen Besuchen in Hollenstedt. Hollenstedt war zur Heimat geworden. Der Max hatte zwar, um Geld zu verdienen, ein paar Kämpfe gemacht, hatte versucht, im Verlagswesen Fuß zu fassen, ließ sich als Ringrichter verpflichten, bis er schließlich in der Geest jenen Ort fand, der ihm zusagte. Und jetzt begann er Nerze zu züchten, Tabak anzubauen, einen Eierlikör zu fabrizieren, und die Anny erzählte: »Tagsüber hat er geschuftet, und oft saß er bis zum grauenden Morgen über seiner Kartei, seinen Statistiken, seinen schriftlichen Arbeiten.« Oft versuchte sie, ein Machtwort zu sprechen, um ihn zum Schlafengehen zu bewegen. Mit 69 Tieren hatte man in Hollenstedt mit der Nutriazucht begonnen. Zum Schluß waren es 2000. Aber es gab Probleme. Tiefflieger überquerten das Gebiet, die Nutrias erschreckte das Geräusch, die Muttertiere verwarfen, und das Personal wurde knapper. Dann kam der mächtigste Mann von Coca-Cola, Jim Farley, ehemaliger Boxcommissioner der New Yorker Boxbehörde, und bot Max Schmeling eine Lizenz für eine Konzession an, die alle Sorgen beseitigte. Und seitdem ist es ruhiger in Hollenstedt, auch wenn es Leben genug gibt rund ums Schmeling-Haus. Der Max hatte es, wie einst sein Heim in Saarow, mit Reet decken lassen, bis der Blitz einschlug und das Haus einäscherte. In Hollenstedt war es weniger dramatisch, führte aber zum gleichen Erfolg. Die Eichhörnchen kamen in Rudeln, spielten mit dem Stroh, zerrupften das Dach, und weil man ja die kleinen Mitbewohner nicht verjagen, womöglich gar vergiften wollte, beugte man sich der Notwendigkeit und deckte es mit Schiefer. Eine Weile gab es ein zahmes Reh, das gefüttert wurde, einen Raben und immer wieder Katzen, die Anschluß suchten. Schließlich waren es so viele, daß die Anny ein Machtwort sprach. Nur eine herrliche blauschwarze Kartäuserkatze durfte bleiben, unentbehrlich für Max und Anny und viele Jahre ihr täglicher Umgang. Aber die ausquartierten Katzen hatten es nicht viel schlechter. Unter dem vorspringenden Dach des Hauses installierte Schmeling Infrarot-Wärmespender, die eine behagliche Atmosphäre für die Katzen in ihren Katzenbettchen schufen. Und so war auch dieses Problem gelöst, ohne daß man sich hätte von den geliebten Etagentigern trennen müssen.

Annys Ruhm verblaßte schneller als der ihres Mannes, der nie erlöschen wird, denn ein Schwergewichts-Weltmeister, mindestens aus jener Zeit, als es nur einen gab und nicht wie heute deren vier, der stärkste Mann der Welt, wird nicht vergessen, ob er nun Schmeling heißt oder Dempsey, Tunney oder Joe Louis. Aber der Ruhm hat auch einen Preis. Saßen die beiden in einem Restaurant, dann kamen die Autogrammjäger fast immer nur zu ihm. Das hat sie nicht gekränkt, immer hat sie ihren Mann bewundert, mit welcher Geduld er solche Wünsche erfüllte. Er wußte, daß dies zu seinem Beruf gehört, und noch heute fragt keiner umsonst den Max um seine Unterschrift. Nur eines tut er dabei immer: Und ist das Blatt noch so groß, so schreibt er seinen Namen ganz oben an den Rand hin, was mir auffiel. Ich fragte ihn, warum er dies täte. Und er lachte: »Ich habe es erlebt, daß mir ein Gauner über meine Unterschrift eine Zeile tippte, ich schulde Herrn Soundso 1000 Dollar, und darunter prangte mein Max Schmeling.«

Ein makabrer Zufall: Wenn wir uns nicht sehen, telefonieren wir oft miteinander, und an einem Märztag im Jahre 1987 nahm mein Freund den Hörer ab und sagte: »Vor ein paar Minuten ist die Anny gestorben.« Was sollte ich zum Trost sagen, wo es keinen geben konnte?

Stanley Weston

»Max war niemals ein Nazi. Nie!«

Eine barsche Stimme übertönt das Dröhnen der Maschinen – »Vorbereiten zum Springen!«. Sofort springen die schwer bepackten Soldaten im großen Transportflugzeug auf und überprüfen nochmals ihre vielteilige Ausrüstung, von der in den nächsten Minuten ihr Leben abhängen wird: die schweren Haltegurte, die an den Oberschenkeln und dem Oberkörper befestigt sind, die Stahlhelme mit dem Aufkleber der Armee, das leichte Sturmgewehr, welches an ein Bein geschnallt ist. Die Spannung ist spürbar, jedes Augenpaar starrt gebannt auf die rote Lampe, die direkt über der seitlichen Ausgangsluke befestigt ist. Im Cockpit wirft der Pilot einen kontrollierenden Blick auf den Höhen- und Geschwindigkeitsmesser. Ein Blick aus dem Fenster, um das Gelände zu prüfen, dann ein Zeichen an den Co-Piloten, der mit einer geübten Handbewegung einen direkt vor ihm angebrachten Schalter betätigt.

In der Kabine beginnt die rote Lampe unübersehbar zu blinken. Der Kommandeur gibt den Befehl: »Springen!«

Die mit einem Stahlhelm geschützten Soldaten springen einer nach dem anderen aus der Kabinentür und stürzen in die Tiefe. Wenige Sekunden nachdem die Soldaten ihre Fallschirme geöffnet haben, ist der Himmel mit hin- und herwogenden pilzähnlichen Gebilden gefüllt.

Es ist der 20. Mai 1941 zwischen acht und halb neun Uhr am Morgen. Die mutigen und erfahrenen Soldaten, die aus dem Flugzeug über dem hügeligen Gelände abgesprungen sind, gehören zu der deutschen Luftwaffeneinheit, die aus der siebten Luftwaffeneinheit und der fünften Luftlandeeinheit zusammengesetzt und speziell für den Einsatz auf der sich in britischer Hand befindlichen Mittelmeerinsel Kreta ausgebildet worden ist. Die Eliteeinheit von Hermann Görings mächtiger Luftwaffe hatte vom Reichsmarschall persönlich den Einsatzbefehl bekommen.

Sir Winston Churchill schrieb später über den Kampf um Kreta: »Diese Soldaten repräsentierten das Feuer der Hitlerschen Bewegung und stellten eine begeisterte Verkörperung des teutonischen Rachegeistes für die Niederlage von 1918 dar. Die Blüte deutscher Männlichkeit drückte sich in diesen tapferen, austrainierten und treu ergebenen Nazifallschirmjägern aus.«

Einer dieser Fallschirmjäger war älter als die anderen. Er hatte ein hartes, etwas ängstliches Gesicht, welches beinahe nur aus den auffälligen dicken, dunklen Augenbrauen zu bestehen schien. Er zog die Gurte seines Fallschirms fester an und schaute auf seine ihm folgenden Kameraden. Dann blickte er auf den Boden, der in bedrohlicher Geschwindigkeit immer näher kam. Er hatte keine Vorstellung, was die nächsten paar Momente bringen würden, aber er wußte, daß die Gefahr des Todes nie zuvor in seinem Leben so nah gewesen war wie in diesen Augenblicken. Sein Leben war kein gewöhnliches gewesen. Sein markantes Gesicht und sein Name waren der kriegsgeschüttelten Welt in dieser Zeit bekannt. Vor seinem inneren Auge liefen die Bilder der vergangenen Jahre ab: die wunderbaren Jahre, die für ihn zuallererst aus Ruhm bestanden.

1930: New York City: Eine handschuh-geschützte Faust knallt gegen seinen Körper. Er spürt sofort einen fürchterlichen Schmerz im Unterleib und sinkt auf dem mit Segeltuch bespannten Boden zusammen. Vergeblich versucht er, wieder auf die Beine zu kommen, während Jack Sharkey in seiner Nähe mit erhobenen Händen auf ihn schaut. Der Schmerz ist erst einmal vergessen, als ihm jemand beim Aufstehen hilft, seinen Arm in die Höhe reißt und seinen Namen als den des neuen Weltmeisters im Schwergewicht verkündet.

1932: Die ovale Madison Square Garden Bowl in Long Island, New York: Der Kampf ist vorüber, und er ist sich sicher, daß er gewonnen hat. Genauso sieht es die überwältigende Mehrheit der 61 863 Zuschauer und die Mehrzahl der Journalisten. Es zerreißt ihm beinahe das Herz, als sie diesmal Jack Sharkeys Faust in die Höhe reißen und nunmehr ihn zum neuen Schwergewichts-Weltmeister ernennen.

1936: Yankee-Stadion, New York: Niemand gibt ihm eine wirkliche Chance gegen den furios auftrumpfenden, noch ungeschlagenen Joe Louis. Aber er glaubt an sich selbst. Und er hat einen Plan, denn Louis ist ein sehr offenes Ziel für einen rechten Konter. Dieser Plan wird aufgehen. Er muß aufgehen. Und er geht auf! Der »unbesiegbare« Braune Bomber wird in der zwölften Runde ausgezählt. Es wurde eine der größten Überraschungen der Boxgeschichte.

Ja, das war eine Nacht, die er niemals vergessen wird.

Der 36 Jahre alte Max Schmeling, neunter Mann in der Geschichte, der den größten und populärsten Preis des Sports – die Schwergewichtsweltmeisterschaft im Boxen – gewann, ist nun nur noch 60 Meter vom steinigen Boden Kretas entfernt. 45 Meter ... 30 Meter ... 15 Meter ... er schlägt mit einem dumpfen Ton von knackenden Knochen auf dem Boden auf, nachdem eine plötzliche Windböe seinen Fallschirm erfaßte und seine Beine versagten. Er kann seinen Kameraden nicht folgen. Er kann sich nur unter heftigen Schmerzen aus seinem Fallschirm befreien und auf dem feindlichen Territorium in Schutz bringen. Zehn Tage später verkündet eine Meldung der internationalen Nachrichtenagentur Reuter aus London, daß der frühere Boxweltmeister Max Schmeling während eines Einsatzes auf Kreta gefallen sei.

Diese Geschichte stieß auf große Resonanz in der internationalen Presse. Die führenden amerikanischen Sport-Kolumnisten Grantland Rice und Bill Corum blickten in ihrem Nachruf auf die sportliche Karriere des ersten Europäers zurück, der den Titel in der Königsklasse gewann, erzählten ein paar Schmeling-Anekdoten, und kamen überein: Amerika war immer gut zu Max Schmeling. Er wurde herzlich willkommen geheißen, mit großem Respekt behandelt und königlich für seine Arbeit bezahlt. Er aber zeigte seinen Dank dafür, indem er ein Nazi wurde und die Waffen gegen amerikanische Bürger erhob.

Die Welt vergaß den Namen Max Schmeling. Zumindest bis zu einem Morgen im Oktober 1942, als ein Bild aus Berlin auf dem Umweg über die Schweiz veröffentlicht wurde. Es zeigte einen hageren und bleichen Mann in der Uniform eines Unteroffiziers der Luftwaffe, der sich nur auf einen Stock gestützt fortbewegen konnte. Die Unterzeile dazu lautete: »Der ehemalige Box-Champion Max Schmeling verläßt das Berliner Krankenhaus, in dem er sich von den Verletzungen, die er sich während eines Fallschirmabsprungs auf Kreta zugezogen hatte, erholt hat.« Wiederum ging diese Meldung um die Welt, aber nur wenige nahmen überhaupt Notiz davon.

Joe Louis zeigte keine sonderlichen Regungen, als er erfuhr, daß sein alter Rivale entgegen bisherigen Meldungen doch nicht tot sei. »Schmeling hat schlechte Dinge über meine Brüder gesagt«, kommentierte Louis, »aber ich bin froh, daß er nicht tot ist.« Andere wünschten, er wäre tot: diejenigen, die Söhne und Ehemänner auf den Schlachtfeldern des Krieges in Europa und Afrika verloren hatten; und solche, die ihre Liebsten in den Gaskammern und Konzentrationslagern von Buchenwald und Belsen verloren hatten.

Einer dieser Männer war Paul Damski, ein litauischer Jude, der zwei Tage, nachdem Hitler zum Kanzler ernannt worden war, am 6. März 1933, aus Deutschland flüchtete.

Es mag merkwürdig erscheinen, daß zwei solch unterschiedliche Charaktere wie der Fallschirmjäger Schmeling und der Flüchtling Damski in einem Atemzug genannt werden. Aber ihre Lebensläufe sind wie Weinranken an einem Rebstock miteinander verbunden. Wenn man die wahre und ganze Geschichte über Max Schmeling wissen will, muß man sie von Paul Damski hören.

Aber warum sich überhaupt darüber Gedanken machen?

Der Krieg ist seit über zwanzig Jahren vorbei.

Deutschland wurde geschlagen, viele Nazis zahlten mit ihrem Leben, und Deutschland steht unter der Aufsicht der Alliierten.

Warum also über Schmeling nachdenken?

Die Antwort gibt Paul Damski selbst: »Die Welt schuldet Max Schmeling eine Entschuldigung«, erklärt er, »denn er war niemals ein Nazi.« Wer Damski kennt und weiß, wer er ist, wie sehr er unter den Greueltaten von Hitler gelitten hat, und wer darüber hinaus seinen aufrechten Charakter kennt, dem ist klar, daß man sich auf sein Wort verlassen kann.

Pauls Gesicht nimmt einen strengeren Ausdruck an, als er seine Brille abnimmt und mir, seinem Gegenüber, direkt in die Augen schaut. »Schmeling hat sehr viel Ähnlichkeit mit dem Amerikaner Charles Lindbergh, dem ersten Mann, der über den Ozean flog. Während des Kriegs wurde behauptet, Lindbergh sei ein Nazi, weil er freundlich zu Hitler war und vor dem Krieg einige Zeit in Deutschland verbrachte. Aber die Wahrheit wurde erst nach dem Krieg bekannt, als sich herausstellte, daß Lindbergh in Wirklichkeit als ein verdeckter Ermittler für Amerika in Deutschland gearbeitet hatte. Ähnlich war es mit Schmeling. Es ist an der Zeit, daß die Welt die Wahrheit lernt, sie akzeptiert und sich bei ihm entschuldigt.«

Damski, ein gutsituierter und kraftvoller Mann in den Mittsechzigern, betreibt ein lukratives Diamantengeschäft auf der 47. Straße West in New York.

Jeder auf dieser Straße, die seit vielen Jahren das Diamantenzentrum der Welt ist, kennt Paul wegen zwei Dingen: Zum einen als den Mann, der viele Boxer managte und sich stundenlang über diesen Sport unterhalten konnte, und zum anderen, weil er auf einen Blick bis auf einige Dollar genau den Wert eines Diamanten schätzen kann. Damski zeigt auf ein Foto an der Wand. »Siehst du dieses Bild?« sagt er, »es zeigt Jack Dempsey, Max Schmeling und mich. Es wurde 1954 im Restaurant von Dempsey auf dem Broadway gemacht.«

Paul streckt sich, wirkt nun mit jedem seiner 180 Zentimeter und grinst. »Es gibt eine Geschichte zu diesem Bild, eine sehr wichtige Geschichte, die beinahe ein Vierteljahrhundert umfaßt. Es ist die Geschichte von zwei sehr engen Freunden, die bittere und eigentlich unversöhnliche Feinde und danach wieder sehr enge Freunde wurden. Sie beginnt ... aber, Moment mal, sonst verrate ich noch mein Alter.«

Sein Gesicht verzieht sich zu einem Grinsen, doch dann gibt er das genaue Datum, als ob es in seine Erinnerung eingebrannt wäre: » ... am 2. Januar 1925. Artur Bülow, der Herausgeber eines Boxheftes, kam in mein Büro im Berliner Sportpalast und erzählte mir, er habe in Köln einen Boxer gesehen, der genau wie Jack Dempsey aussehe.« Der Sportpalast war zu dieser Zeit Deutschlands größte Sportarena, und Damski war ihr Veranstalter.

»Ich sagte Bülow, daß dieser Bursche vielleicht nicht nur aussehe wie Dempsey, sondern vielleicht auch so boxen könne wie Dempsey. Er solle ihn nach Berlin bringen und mir vorstellen.«

»Einige Tage später kam Max Schmeling in mein Büro. Bülow hatte recht gehabt, er sah wirklich aus wie Jack Dempsey. Außerdem war er intelligent und sehr höflich. Ich mochte ihn auf Anhieb.«

Doch nicht nur Paul war vom Auftreten Schmelings angetan, auch seine Frau Sonja fand ihn sympathisch. Zwischen den dreien enwickelte sich eine herzliche Freundschaft, und sie waren immer gerne zusammen. Damski veranstaltete 16 Kämpfe mit Schmeling in Deutschland auf dem Weg zu dessen Weltmeisterschaft im Schwergewicht.

»Im Jahr 1930«, erinnert sich Paul, »wurde Max zu Hause wie ein Held empfangen, nachdem er den Titel in Amerika gewonnen hatte. Die ersten, die er besuchte, waren Sonja und ich. Zu dieser Zeit erwähnte er, daß er ein Haus in der Berliner Umgebung für sich und seine Mutter kaufen möchte. Ich sagte ihm meine Hilfe zu. Kurz danach erfuhr ich, daß ein schönes

Haus zur Versteigerung gebracht wurde, das genau den Vorstellungen von Max entsprach. Ich erzählte ihm davon, und wir schauten es gemeinsam an. Er kaufte es sofort. Aber aus Steuergründen wollte er es nicht auf seinen eigenen Namen kaufen. Ich schlug vor, es auf den Namen meiner Frau zu erwerben, und er war einverstanden.«

Anny Ondra.

Pauls Augen werden ein wenig feucht, als er so in Erinnerungen schwelgt. »Das macht vielleicht deutlicher, wie eng wir befreundet waren.«

Damski zitiert ein anderes Beispiel der engen Freundschaft. »Schmeling sagte immer: ›Paul, du hast für mich sechzehn Kämpfe veranstaltet, aber das beste Match, das du je gemacht hast, war das siebzehnte – das mit Anny.‹«

Paul lächelt, als er fortfährt: »Anny war die Frau, die Max heiratete. Anny Ondra, eine der hübschesten Frauen der Welt, war eine berühmte und wohlhabende tschechische Schauspielerin. Es war und ist noch immer eine perfekte Ehe. Ich bin schon stolz darauf, daß ich die beiden zusammengebracht habe.«

Am glücklichen Klang der Stimme von Damski konnte man erahnen, daß dies derjenige Teil der Geschichte ist, den er am liebsten erzählt.

»Eines Abends gingen Max und ich gemeinsam in Berlin ins Kino. Es war beinahe ein Zufall, daß Anny Ondra, die zu meinem Freundeskreis gehörte und meine Nachbarin war, eine Hauptrolle in diesem Film spielte. Max war sehr beeindruckt von ihrer Ausstrahlung, und als ich ihm sagte, daß ich Anny gut kenne, hellte sich sein Gesicht auf. ›Du mußt mich mit ihr bekannt machen, Paul‹, sagte er. Ich versprach ihm, dies eines Tages zu tun.«

Aber Max ließ nicht locker. »Er wollte mich nicht in Ruhe lassen. Schließlich rief ich eines Tages Anny an und sagte ihr, daß Max Schmeling, der Boxer, sich gerne mit ihr treffen würde. Sie war nicht sonderlich beeindruckt, zeigte kein Interesse. ›Ich bin sehr beschäftigt‹, erklärte sie, ›und wirklich nicht interessiert, einen Preisboxer kennenzulernen.‹«

»Ich erzählte Max, was geschehen war, aber es entmutigte ihn nicht. Er plagte mich weiter mit der Bitte, ihn doch endlich vorzustellen. Schließlich hatte ich eine Idee. Ich schrieb einen Brief an Joe Jacobs, den Manager von Schmeling, nach New York und bat ihn, mir ein ausgedachtes Telegramm an Max in

Berlin zu schicken. Das Telegramm sollte von einer großen Filmfirma aus Hollywood kommen und eine Offerte für Max und Anny enthalten, gemeinsam in einem Film zu spielen. Es war durchaus eine gute Möglichkeit, da Max ja bereits einen Film in Deutschland gedreht hatte. Das Telegramm sollte der Grund sein, Max und Anny endgültig zusammenzubringen. Am nächsten Tag traf das Telegramm ein.«, erzählt Paul weiter, »Ich ging sofort zu Anny und zeigte es ihr. Sie las es langsam, gab es mir dann zurück. ›Paul‹, sagte sie, ›ich bin viel zu beschäftigt mit meinen eigenen Produktionen, als daß ich auch noch Zeit hätte, nach Hollywood zu gehen. Bitte teile den Leuten mit, daß ich kein Interesse habe.‹ Ich war wie vor den Kopf geschlagen, gab aber noch nicht auf. Ich vergaß das Telegramm und brachte es einfach auf den Punkt. ›Bitte, Anny‹, bat ich sie, ›tu' mir einen Gefallen und triff dich mit Max Schmeling. Er ist ein feiner Mann und außerdem noch Box-Weltmeister. Morgen ist sein 25. Geburtstag. Es würde ein wunderbares Geschenk für ihn sein.‹

Ich sagte noch, daß ich nicht eher wieder gehen würde, ehe sie nicht zustimmte.

Am nächsten Nachmittag traf Max Anny in einem der vornehmsten Restaurants in Berlin. Als sich beide das erstemal in die Augen sahen, wußte ich, daß dies ein perfektes Paar sein würde. Alles, was ich nun noch zu tun hatte, war zu verschwinden, was ich sogleich tat. Drei Jahre später, es war 1933, heirateten die beiden.«

Das war zugleich auch das Jahr, in dem Paul und Sonja Damski das Glück hatten, Deutschland noch lebend verlassen zu können. Die Nazis standen kurz davor, endgültig die Macht zu erobern, und Juden wurden schon wie Schafe zusammengetrieben.

Paul ging nach England, voller Haß auf jeden Deutschen und alles Deutsche. »Ich tat alles, was ich konnte, um es denen irgendwie zurückzuzahlen«, sagt er bitter, »sie ermordeten meine beiden Brüder und meine beiden Schwestern mit ihren

Familien. Die Nazi-Tiere vedienen die langsame Art der Folter.«

Aber was war mit Schmeling?

Fühlte er genauso für den einstigen Freund?

»Er war Deutscher! Ein Nazi! Er war nicht besser als der Rest. Ein Jahr später stand ich ihm zum erstenmal wieder von Angesicht zu Angesicht gegenüber. Es war ein Zufall, und es war in einer Sporthalle in London, am 12. Mai 1934. Aber ich drehte mich sofort um und ließ ihn alleine dort stehen.«

»1937 erfuhr ich, daß Schmeling für einen Kampf gegen Tommy Farr in London rund 90 000 Dollar garantiert wurden. Ich wollte verhindern, daß die Nazis dieses Geld bekamen. Nach siebzehn Telefongesprächen quer über den Atlantik zu Mike Jacobs hatte ich den Kampf zum Platzen gebracht«, sagt Paul nicht ohne Stolz.

»Als Schmeling 1938 wieder nach New York kam, um gegen Louis zu boxen, versuchte er mich telefonisch zu erreichen. Ich weigerte mich, mit ihm zu sprechen. Aber ich ging gemeinsam mit Sonja zu dem Kampf. Wir beteten, daß man ihm den Kopf abschlagen solle. Als Louis ihn in der ersten Runde k.o. schlug, war Sonja, die einst ein solch enges Verhältnis zu Schmeling hatte, so voller Freude, daß sie wie ein kleines Kind herumhüpfte.«

Es gab auch andere Anlässe, bei denen Schmeling versuchte, mit Paul Damski Kontakt aufzunehmen. Er versuchte es während seines US-Aufenthaltes 1937, als er im Madison Square Garden gegen Harry Thomas antreten sollte. Aber Paul weigerte sich, ihn auch nur zu sprechen. »Ich wollte einfach nicht mit jemandem von denen zu tun haben«, sagt er, immer das Wort »die« anstatt »er« benutzend, Ausdruck dafür, daß Schmeling seiner Ansicht nach einer von »denen« war – ein Nazi.

Der Krieg kam und ging. Paul blieb dem Boxen treu, managte eine Gruppe von Kämpfern, darunter den guten Schwergewichtler Gunar Barlund sowie den brillanten Halbschwergewichtler Johnny Colan, der später Ringrichter wurde.

Pauls Geschäfte florierten, seine Söhne wuchsen zu stattlichen Männern heran: Amerika meinte es gut mit den Damskis. Währenddessen baute sich Schmeling gemeinsam mit Anny in Deutschland ein neues Leben auf. Er kaufte ein Stückchen Land in der Nähe von Hamburg und begann mit der Aufzucht von Tabak und Nerzen mit phänomenalen Erfolgen. Ab und zu trat er als Ringrichter auf. Immer wenn er das tat, kamen die Leute nur, um ihn zu sehen, nicht der Kämpfer wegen.

Paradoxerweise wußte jeder junge Mensch in Nachkriegsdeutschland alles über Max Schmeling, während »Adolf Hitler« nur ein Name war, von dem man zwar gehört hatte, der aber wie aus einer anderen, längst vergangenen Ära erschien, wie etwa Bismarck oder Napoleon.

Im Mai 1954 wurde Schmeling als Ringrichter nach Wisconsin eingeladen, um ein paar Vorkämpfe in Milwaukee zu leiten. Der Hauptkampf dieser Show war der Kampf des deutschen Mittelgewichtsmeisters Hans Stretz gegen Billy Kilgore aus Alabama. Die Veranstalter waren sich sicher, daß die Anwesenheit des alten Recken Schmeling einige der deutschstämmigen Einwohner Milwaukees mobilisieren würde, was dann auch geschah.

Max wollte eigentlich Anny mit auf diese USA-Reise nehmen, aber sie hatte Angst vorm Fliegen. Nach seinem Auftritt als Ringrichter am 18. März flog Max Schmeling sofort weiter nach New York, um abermals zu versuchen, Kontakt mit Paul Damski aufzunehmen. Pauls Sohn ging an das Telefon, als Schmeling anrief. Er bat Schmeling zu warten, während er seinen Vater holen würde. Aber der weigerte sich wieder – wie immer.

»Du könntest ihm wenigstens zuhören, Papa«, meinte der junge Damski, »schließlich ist das alles längst vorbei.«

Paul ging wortlos aus dem Zimmer.

Später am selben Tag erhielt Damski einen weiteren Anruf. Es war Harry Markson, ein früherer Mitarbeiter des Promoters

Mike Jacobs und nun Geschäftsführer des Madison Square Garden Box-Clubs. Paul kannte Markson seit vielen Jahren und hatte dessen Einschätzungen und Rechtschaffenheit immer geschätzt. »Paul, ich bin hier im St. Moritz Hotel zusammen mit Max«, sagte Markson, »er erzählte mir vieles, und ich glaube, du solltest mit ihm reden.«

Damski antwortete Markson wütend, daß er nichts mit einem Deutschen zu tun haben wolle. »Du weißt nie, welche Hände mit Blut beschmiert sind und welche nicht.«

Aber Markson redete weiter auf Damski ein, erklärte ihm, daß er vielleicht Schmeling die ganze Zeit falsch eingeschätzt habe.

»Ich wurde ein wenig weicher, und weil mein Sohn auch auf mich einredete, war ich schließlich soweit. Endlich sagte ich zu Markson: ›Okay, Harry, sag' Max, er soll mich später nochmal anrufen.‹«

Paul war zu dieser Zeit in seinem Geschäft, und nachdem er aufgehängt hatte, kümmerte er sich wieder um seine Kunden. Eine Viertelstunde später hielt ein Taxi vor dem Laden, und aus stieg – Schmeling.

Er ging schnell zu Damski hinein, und beide blickten sich tief in die Augen. Max zögerte für einen Moment, ging dann vorwärts und nahm Paul in die Arme. Damski war immer noch skeptisch. Er stand einfach nur da, rührte sich nicht.

Schmeling wurde von den Passanten rasch erkannt, und so versammelte sich schnell eine kleine Menschenmenge vor dem Eingang zum Geschäft. Jeder wollte zumindest einen Blick auf den ehemaligen Champion werfen.

Paul und Max redeten eine Stunde, dann schlug der Ex-Meister vor, man könne doch gemeinsam zu Abend essen – im Restaurant von Dempsey. »Bitte bring auch Sonja mit«, fügte Max beinahe ängstlich hinzu.

Paul rief Sonja an und sagte ihr, sie solle zu Dempsey's kommen. »Wir kamen um circa drei Uhr nachmittags dort an und blieben bis vier Uhr morgens«, erinnert sich Damski.

»Erst redete nur Schmeling, ich hörte bloß zu. Aber nach einigen Stunden hatte er auch die letzten Zweifel beseitigt und mich davon überzeugt, daß ich einen schlimmen Fehler begangen hatte. Er war niemals ein Nazi, im Gegenteil, er hatte sogar sein eigenes Leben im Kampf gegen Hitler riskiert.«

»Max erwähnte die Namen von fast einhundert Juden, die er vor dem Tod in den Gaskammern gerettet hatte. Natürlich hätte er sich diese Namen auch ausdenken können. Ich war immer noch skeptisch – sehr skeptisch. Aber später nannte er drei Namen, die ich sehr gut kannte. Es waren Freunde von mir in Deutschland gewesen, und ich kannte die Umstände sehr genau, unter denen sie den Nazis entkommen waren. Schmeling kannte diese Umstände ebenfalls, bis hin zum allerkleinsten Detail. Alles, was er sagte, paßte hundertprozentig zusammen wie die Teile einer Uhr. Er konnte diese Details nicht gewußt haben, ohne die Wahrheit zu sagen.«

»Saul Goldsmith«, sagte Schmeling, »war von den Nazis zum Tode verurteilt worden, weil er ein Jude war. Ich habe es arrangiert, daß er in ein anderes Camp verlegt wurde, wo er sicher war.«

»Er erzählte mir, wie er John Braude, einen anderen alten Freund von mir, gerettet hatte, indem er ihn aus dem Lastwagen holte, der ihn in das Konzentrationslager bringen sollte«, erinnert sich Damski.

Und Max erzählte, wie er Walter Friedman geholfen hatte, der nun in Israel lebt und den Paul Damski eines Tages besuchen wollte.

»Friedman war ein sehr guter Freund«, erzählt Damski, »Max rettete ihn, weil er im Gestapo-Hauptquartier seine Akte von dem einen Ordner in einen anderen heftete.«

Aber wie war es Schmeling, der keinen Offiziersrang innehatte, möglich, solche Aktionen direkt vor der Nase der gut organisierten Nazi-Agenten abzuwickeln?

Wieder konnte Schmeling eine befriedigende Antwort liefern. Er erzählte, daß er mit einer Gruppe nicht linientreuer

Offiziere in Verbindung stand. Diese Gruppe plante auch den nicht geglückten Anschlag auf Hitlers Leben. »Ich hatte einen Job, der mir in den Krankenhäusern und Gefängnissen viele Freiheiten gab«, sagte Schmeling zu Damski. »Es war nicht sonderlich schwer für mich, die Gefangenen kennenzulernen und etwas über ihre Situation zu erfahren. Ich suchte mir eine bestimmte Person aus, überlegte mir einen Plan für ihre Rettung. Wenn ich einen Plan hatte, aber Hilfe brauchte, besuchte ich einen meiner Freunde beim Generalstab. Und natürlich war es eine Leichtigkeit für einen Offizier von Rang und Autorität, eine Verlegung zu arrangieren, eine Akte zu verlegen oder das Sicherheitspersonal zu ändern.«

Ein anderer Vorfall berührte Damski sehr. Er hatte mit Marvin Koslowsky zu tun, der einst der Kopf der polnischen Sportbehörde und in den alten Zeiten in Deutschland auch ein Geschäftspartner von Paul gewesen war.

»Ich war einen Tag, bevor die Gestapo in Brüssel einmarschieren wollte, um die Juden dort einzusammeln, ebenfalls dort«, sagte Schmeling, »da traf ich Marvin Koslowsky. Ich nahm ihn zur Seite, und wir sprachen ein wenig. Ich fragte ihn, wie lange er schon in Brüssel sei und wann er vorhabe, wieder zu fahren. Er antwortete, daß er gerade erst gekommen sei und noch einige Tage zum Ausspannen hierbleiben wolle. Daraufhin sagte ich ihm, daß er noch am heutigen Tage wieder verschwinden solle, weil es morgen bereits zu spät sein könne. Ich erzählte ihm von der Gestapo und was passieren werde. Ich machte einige Vorschläge für seine Abreise, weiß aber nicht, was mit ihm danach geschah.«

Aber das wußte Damski um so besser. Koslowskys Tochter, die nun in New Haven, Connecticut, lebt, hatte ihm von der Flucht ihres Vaters erzählt. Wieder paßten die Details perfekt zusammen.

Max erwähnte, daß er Hitler gehaßt habe. »Am liebsten hätte ich ihn vergiftet, weil ich wußte, daß er verrückt war – wie ein wilder Hund.«

Der 59 Jahre alte frühere Meister erwähnte außerdem, daß eine der glücklichsten Fügungen des Schicksals seine Niederlage im zweiten Kampf gegen Louis war. »Wenn ich den Kampf gewonnen hätte«, so Schmeling, »hätten mich die Nazis ja zu einem Halbgott erhoben, und ich hätte mich dann wohl auch als Kriegsverbrecher in Nürnberg verantworten müssen.«

Es waren noch eine ganze Menge andere wichtige Dinge, die Schmeling zu Damski während ihres Marathongesprächs in Dempsey's Restaurant im Jahre 1954 sagte, Argumente, die Paul überzeugten, daß er seinen Freund fälschlicherweise so lange verdammt hatte.

Max erwähnte auch, daß er seit dem Ende des Krieges nicht mehr mit seinem Bruder gesprochen habe, weil dieser ein Nazi gewesen sei.

Dann war da noch Anny. Schmeling sagte: »Sie ist eine Tschechin, und jedermann weiß, daß die Nazis die Tschechen genauso haßten wie die Juden. Wie könnte ich jemals mit denen zusammenarbeiten, die die Freunde meiner Frau umgebracht haben?«

Auch die Tatsache, daß Schmeling sich gegen Ende seiner Karriere von seinem jüdischen Manager Joe Jacobs trennte, dem Mann, der ihn zum Weltmeister machte, war kein Indiz für Gegenteiliges. Es gibt viele in der Boxwelt, die finden, daß dieser Schritt richtig war. Joe war ein wunderbarer kleiner Mann, ein humorvoller Typ, ein großer Showman, aber eben auch zu großzügig im Geldausgeben. Er warf mit dem Geld um sich, als ob es jeden Moment seinen Wert verlieren könnte. Und einiges von diesem Geld, so Schmeling, gehörte eigentlich ihm. Damski, der ebenfalls ein enger Freund von Jacobs war, verstand Schmelings Gefühle und seine Reaktion.

»Ich habe den Worten von Jacobs immer Glauben geschenkt«, sagte Max Damski, »er war sehr religiös, und jede Freitagnacht ging er in die Synagoge. Ich saß meist neben ihm während der gesamten Dauer.«

Schmelings Geschichte paßte Mosaik für Mosaik zusammen, ergab eine in sich schlüssige Rechtfertigung. Damski schüttelte ihm beim Abschied herzlich die Hände, Sonja küßte ihn auf die Wange. Die Wunden der Vergangenheit waren auf wundersame Weise geheilt. Es war ein wunderbarer Abend im »Dempsey's«.

Aber es war noch nicht das Ende der Schmeling-Geschichte. Im Dezember 1960 war Max wieder einmal in den USA, um in der Show »Dies ist ihr Leben« als Überraschungsgast für Joe Louis aufzutreten.

Als sich die zwei alten Rivalen wiedersahen, nahm Louis Max, den Mann, der ihn k.o. geschlagen hatte und der mit den Worten zitiert worden war, daß Farbige eine »minderwertige Rasse« seien, sofort in die immer noch kraftvollen Arme.

»Du glaubst doch nicht, daß ich solche Sachen wirklich gesagt habe. Oder, Joe?« fragte Schmeling leise.

Louis lächelte und sagte: »Es ist vorbei. Wir sind jetzt Freunde.«

Selbstverständlich verbrachte Schmeling bei diesem Besuch auch wieder einige Zeit bei den Damskis. Er gab dem Kolumnisten der New York Post, Leonard Shecter, ein Interview. Max beantwortete die Fragen Shecters so gut er konnte. Er beschrieb die Gefühle am Abend des zweiten Kampfes mit Louis, als die Zuschauer ihn wütend mit den Rufen »Nazi! Nazi!« empfingen. Er sagte Shecter, daß er, bevor Amerika in den Krieg eintrat, eine öffentliche Erklärung abgegeben habe, in der er versicherte, niemals Waffen gegen Amerikaner zu erheben. Und er widersprach heftig, jemals ein Sympathisant der Nazis gewesen zu sein.

Aber wie es schien, fielen diese Argumente bei Shecter nicht auf solche Gegenliebe wie bei Damski. In seiner Kolumne vom 6. Dezember 1960 warf Shecter mit gekürzten Zitaten und nicht belegbaren Vermutungen ein schlechtes Licht auf den ehemaligen Meisterboxer. Shecter schrieb:

»Die Wahrheit ist, daß Schmeling gleich beim ersten Einsatz auf Kreta seine beiden Knie ruinierte und daß dies für ihn gleichbedeutend war mit Ende des Krieges. Aber das soll keine Entschuldigung für Schmeling sein, der die Uniform des Feindes trug. Es mag auch wahr sein, wie geschrieben wurde, daß er dabei war und zuschaute, als mit Messern bewaffnete Soldaten Übungen mit lebenden Zielen machten – als sie nämlich jüdische Kinder angriffen, die aus dem Warschauer Ghetto kamen . . .«

Shecter zitierte noch einen Kolumnisten, den er nicht namentlich nannte, der folgende Bemerkung machte, als Schmeling nach dem Krieg einen USA-Besuch plante: »Ich glaube schon, daß er einiges erzählen kann, nicht nur übers Boxen, sondern auch darüber, wie er als Fallschirmspringer auf Kreta landete und mithalf, eine Anzahl britischer Garnisonen auszulöschen.«

Schmeling war wütend, als er diese Zeilen las. »Wie kann er solche Dinge behaupten?« wandte er sich fragend an seinen wiedergewonnenen Freund Paul Damski.

»Niemals habe ich Max so sauer und unbeherrscht gesehen wie an diesem Tag«, erinnert sich Paul, »sein Gesicht war gerötet, und er ballte unaufhörlich die Fäuste. Dann griff er in die Innentasche seiner Jacke und holte einen Brief aus seiner Brieftasche.«

Damski macht eine kurze Pause und streicht sich über die Brauen. Er ist augenscheinlich zu einem extrem wichtigen Punkt seiner Geschichte angelangt.

»Ich fragte ihn, ob er wolle, daß ich diesen Brief lese. Max nickte, immer noch sauer dreinschauend.

Der Brief war von einem Freund Schmelings geschrieben worden, der in München lebte und der erst vor kurzer Zeit von einer Reise aus Amerika wiedergekehrt war. Er beschrieb ein Treffen des Müncheners mit dem General Delmar Spivey, der der Namensgeber der Culver Militärakademie in Indiana ist. Spivey sprach in den höchsten Tönen über Schmeling, als er herausfand, daß der deutsche Geschäftsmann ein Freund von Schmeling war. General Spivey erklärte, wie er Schmeling während seiner Kriegsgefangenschaft in Berlin im Jahre 1944 kennenlernte. Schmeling verdiene viel Respekt dafür, daß er gefangenen Amerikanern geholfen habe.«

Damski lächelt. »Wenn es bis dahin noch den leisesten Zweifel bei mir gegeben hätte, ob Schmeling nicht vielleicht doch irgendwie in das System verwickelt gewesen sein könnte – dieser Brief bereinigte alles.«

Nach den Erzählungen Damskis ging die Geschichte so: Nachdem sich Schmeling von seinen Verletzungen erholt hatte, wurde er zum Dienst im Kriegsgefangenenlager eingeteilt. Von offizieller Stelle wurde er angewiesen, Informationen über diese Gefangenen herauszubekommen, da man annahm, ein Mann seines Ruhmes könne sich das Vertrauen der verschlossenen Gefangenen erschleichen. Schließlich galten die Amerikaner als Menschen, die etwas für Berühmtheiten wie den Ex-Boxer übrig hatten.

Aber statt Informationen zu beschaffen, nahm sich Max des »Feindes« an.

So entstand auch ein freundschaftliches Verhältnis zu Colonel Spivey. Beide aßen manchmal zusammen, und eines Abends nach dem Essen nahm Max ihn zur Seite und zeigte ihm eine Reihe verschiedener Landkarten mit den letzten bekannten Truppenbewegungen, nicht nur der deutschen Truppen, auch der Amerikaner und Russen.

Mißtrauisch fragte der Amerikaner Schmeling, warum er dies tue. Max antwortete, daß diese Informationen bestimmt von Bedeutung für die Alliierten seien, wenn er – Colonel Spivey – aus seiner Gefangenschaft entkommen könne.

Auch wenn Spivey nie die Möglichkeit zur Flucht hatte, gab es noch eine sehr wichtige Entwicklung in dem Verhältnis der beiden. Der eingesperrte Colonel erzählte Schmeling etwas über einen anderen amerikanischen Offizier, der wegen antideutscher Äußerungen anderen Gefangenen gegenüber zum Tode verurteilt worden war. Sein Name war Colonel Henry R. Spicer, und er war im Kriegsgefangenenlager in Barth. Spicer, der später zum General ernannt wurde, war der Kommandeur der 17. Luftwaffeneinheit in Europa. Spivey fragte Schmeling, ob er eventuell Spicer helfen könne. Schmeling versprach, sein Bestes zu tun.

Der ehemalige Weltmeister ging sofort an die Arbeit und besuchte einen seiner einflußreichsten Freunde im Generalstab. Dieser General war verantwortlich für Bewegungen innerhalb der Truppe und später einer der Mitplaner des Hitler-Attentatversuchs. Max erklärte die Situation, nannte die wichtigsten Details – Name, Ort der Gefangenschaft und den Grund des Todesurteils. Der General schrieb ein paar Informationen auf ein Blatt Papier und versicherte Schmeling, daß der Amerikaner nicht erschossen werden würde.

Max fuhr danach sofort zu Colonel Spicer, um ihn zu besuchen. Er überredete die Wache, die beiden alleine zu lassen, und erzählte Spicer dann, daß er nicht, wie eigentlich vorgesehen, am kommenden Tag erschossen werde, und daß sein Urteil aufgehoben worden sei. Und genau wie der General es versprochen hatte, blieb der Gefangene am Leben.

Als der New Yorker Reporter Bill McCormick Schmeling interviewte und von dem Brief erfuhr, nahm er sofort Kontakt zu General Spivey in der Culver Militärakademie auf. Der General bestätigte alles, sprach gerührt eine Einladung für Schmeling aus. »Bitte richten Sie Schmeling aus, daß wir ihn gerne als unseren Gast hier begrüßen würden – und vergessen Sie nicht, auch seine Frau einzuladen.«

McCormick schrieb eine sehr objektive Geschichte über die ganzen Vorgänge. Er fügte nichts hinzu, ließ nichts weg und stellte auch die Aussagen von Schmeling nicht in Frage. Er endete mit dem Satz: »Alle Beweise sind nun vor der Jury – entscheiden Sie selbst.«

Ich bevorzuge Paul Damskis Zuammenfassung der ungewöhnlichen Geschichte von Max Schmeling: »Wie euer Lindbergh war Max niemals ein Nazi. Die Welt soll auch über ihn die Wahrheit erfahren.«

Jack Tree

»Bitte nicht wieder die Sache mit den Engländern«

Mein erstes Treffen mit Max Schmeling hatte ich während meines Aufenthalts in Hamburg von 1947 bis 1951. Bei allen seinen fünf Kämpfen nach dem Krieg war ich ebenso am Ring dabei, wie mir die Ehre zuteil wurde, 1966 bei einem Sportfest in Dortmund am selben Tisch mit ihm sitzen zu dürfen. Aber erst am 31. August 1995 ergab es sich, daß ich gemeinsam mit anderen Gästen Max in seinem Haus nahe Hamburg besuchen durfte. Ich muß erwähnen, daß ich ein wenig nervös war und im stillen hoffte, daß Max diesmal nicht wieder von dem Tage im Jahre 1945 erzählte, als er die nicht gerade erfreuliche Bekanntschaft zweier englischer Militärpolizisten machte. Schmeling baute gerade in diesen Tagen nach dem Kriegsende an seinem Haus in der Alsterkrugchaussee in Hamburg, als die Polizisten kamen und erklärten, Schmeling fehle die nötige Erlaubnis. Daraufhin wurde er zu einer Geldstrafe in Höhe von 10 000 Mark verurteilt und kam für drei Monate ins Gefängnis. Die hohe Geldstrafe nahm ihm die Lebensgrundlage und war auch ein Grund dafür, daß Schmeling an seinem 42. Geburtstag nochmals die Handschuhe schnüren mußte, um wieder im Ring das nötige Geld für den Lebensunterhalt zu verdienen. Einen Mann vom Stande Schmelings für ein solches »Vergehen« ins Gefängnis zu schicken, war wirklich eine Frechheit und eine unerhörte Provokation. Dieser Vorfall wurde während des Nachmittags immer mal wieder vorgebracht und dann von allen Anwesenden mit einem Lachen vom Tisch gefegt – nur von mir nicht. Ich hoffte in diesen Momenten inständig, daß sich im Boden eine Öffnung auftun könnte, in der ich dann schnell verschwinden würde.

Bei meiner Ankunft waren Schmelings erste Worte zu mir: »Hast du die deutsche Staatsangehörigkeit«? und er schien ziemlich überrascht zu sein, als ich das verneinte, obwohl ich bereits fünfzig Jahre in Deutschland lebe. Um ihn nicht gleich auf dem falschen Fuß zu erwischen, erinnerte ich ihn nicht daran, daß Max selbst bei einigen seiner Aufenthalte in den USA von Reportern gefragt worden war, ob er sich vorstellen könne, die amerikanische Staatsangehörigkeit anzunehmen. Seine Antwort war dann immer etwa so ausgefallen: »Man wechselt seine Nationalität nicht so einfach wie ein T-Shirt.«

Max besiegte Joe Louis zwar im Ausscheidungskampf für das Herausforderungsrecht, aber Veranstalter Mike Jacobs und Joe Gould, Manager von Braddock – beide übrigens jüdischer Abstammung –, stellten gemeinsam sicher, daß es Louis war, der den amtierenden Champion James J. Braddock herausfordern durfte und eben nicht Schmeling.

Bei dem Duell Braddock–Louis stand zumindest eines fest: Der Titel würde in Amerika bleiben. Es bestand nicht die Gefahr, daß er nach Deutschland verschifft werden müßte. Der britische Boxverband erkannte diesen Titelkampf nicht an, und der britische Veranstalter Sydney Hull plante daraufhin, Schmeling gegen den Waliser Tommy Farr antreten zu lassen. Der Kampf, eine Art Gegenweltmeisterschaft, sollte in der Open-air-Arena des White City Stadions in London stattfinden. Hull flog nach Hamburg, um Schmeling zu treffen, und einige Zeit später kam Max nach London, um die Verträge zu unterzeichnen. Er wurde dabei auch vom deutschen Botschafter von Ribbentrop empfangen.

Doch wieder machte Mike Jacobs einen Strich durch die Rechnung, indem er Tommy Farr mit einem lukrativeren Angebot aus dem Vertrag herauskaufte, um ihn gegen Joe Louis boxen zu lassen, der in der Zwischenzeit Braddock entthront hatte.

Max wurde allgemein als Favorit über Braddock angesehen, und er hätte so der erste Schwergewichtler überhaupt werden können, dem das Kunststück gelungen wäre, einen verlorenen WM-Titel zurückzugewinnen. Ein solcher Erfolg hätte einmal mehr die herausragende Klasse Schmelings unterstrichen. Doch anstelle Schmelings war es erst dreiundzwanzig Jahre später Floyd Patterson, der seinen ehemaligen Besieger Ingemar Johansson k.o. schlug und so den verlorenen Titel zurückholte.

Promoter Hull versuchte es dann noch einmal, Schmeling und Farr in einem Ring zusammenzubringen, aber diesmal wollte Schmeling nicht mehr.

Er sagte, er habe kein Interesse daran, gegen einen Verlierer anzutreten, nachdem Farr zwischenzeitlich bereits gegen Louis verloren hatte.

Überraschenderweise boxte Schmeling nie in Großbritannien, trat aber gegen insgesamt vier Engländer, Jack Stanley, Stanley Glen, Gipsy Daniels (zweimal) und Ted Moore, auf deutschem Boden an. Die K.-o.-Niederlage in der ersten Runde gegen Gipsy Daniels in Frankfurt am 26. Februar 1928 war ein mindestens genauso großes Desaster für Schmeling wie der Erstrunden-K.-o. gegen Louis zehn Jahre später. Daniels rechte Gerade zum Kinn von Schmeling war wie aus dem Boxlehrbuch entnommen, obwohl einige Beobachter – übrigens genau wie bei Joe Louis – die Klasse des Schlages in Frage stellten. Ein Journalist schrieb danach, Schmeling habe gerade zu Bekannten am Ring geguckt und so den Schlag nicht kommen sehen.

Doch in beiden Niederlagen suchte Schmeling nicht nach Ausreden. »Das ist nun mal so im Sport«, pflegte er stets dazu zu sagen.

Drei Monate zuvor hatte Schmeling Daniels in Berlin noch sicher ausgepunktet, aber dieser unerwartete Triumph des Engländers brachte diesen über Nacht in eine sehr gute Ausgangsposition. Die Veranstalter waren hinter ihm her, als sei er der kommende Weltmeister. Zwar war er für einen Schwergewichtler eher klein und schmal, gab aber immer einen großen

Kampf und trat dann auch gegen die anderen führenden deutschen Schwergewichtler Hein Domgörgen, Paul Samson-Körner, Hans Breitensträter, Ernst Pistulla, Franz Diener, Walter Neusel und Hein Müller an.

Nach der Niederlage konnte Schmeling bereits einige Tage später Revanche nehmen, als er am 10. März 1928 in Dortmund einen deutlichen Punktsieg über Daniels' Landsmann Ted Moore erkämpfte.

Max schlug dann noch Jack Stanley in der achten Runde durch K.o. und entledigte sich nur einige Monate später Stanley Glens in nur einer Runde. Zwischen den Weltkriegen war Glen ein hochgehandeltes Talent. Als Mitglied der Armee gewann er so viele Wettkämpfe, daß man ihm die Pokale auch sofort hätte nach Hause schicken können. Nachdem er als Profiboxer einen Mittelgewichtswettbewerb gewonnen hatte, boxte er beinahe jede Woche einmal. 1925 verlor er im Berliner Sportpalast gegen Ludwig Haymann. Im Zweiten Weltkrieg arbeitete Glen als Konditionstrainer in der Armee, und nach seiner Entlassung verkaufte er Busfahrscheine.

Für mich war es eine große Ehre, mehr als einmal die schwere rechte Hand des großartigen Sportlers Schmeling schütteln zu dürfen, die so viele Boxer in den Ringstaub geschickt hatte.

Georges Carpentier

»Meine Methode des Boxens«

So viele Bücher sind über die edle Kunst der Selbstverteidigung geschrieben worden, daß ich meine Arbeit bereits als überflüssig erachtet hatte. Da ich von meinen Freunden indessen von Zeit zu Zeit gedrängt wurde, das niederzuschreiben, was sie »meine Methode des Boxens« zu nennen belieben, so bin ich schließlich schwach genug gewesen, ihnen nachzugeben.

Wenn ich daher die Feder zur Hand nehme, um die verschiedenen Phasen unseres großen Sports, eben des Boxens, zu schildern, wie ich sie ausübe, so geschieht es mit einem Gefühl der Rücksicht ihnen gegenüber und nicht ohne das Bewußtsein einer großen Verantwortung.

Es ist vielleicht ein wenig egoistisch, besondere Vorteile für meine Methode des Boxens in Anspruch zu nehmen. Da sie mir bisher aber gut genützt hat, so teile ich sie hier, wie sie ist, auch anderen mit, und ich gebe mich dabei der Hoffnung hin, daß meine Leser vielleicht davon profitieren werden.

Das Boxen ist eine so subtile Kunst, daß die eigene Persönlichkeit dabei stets eine außerordentliche Rolle spielen muß. Damit möchte ich meine Überzeugung begründen, daß wohl kaum zwei Boxer, obwohl anscheinend ganz gleich im Stil, sich im Ring genau derselben Methode bedienen.

Abgesehen von den persönlichen Neigungen und Abneigungen der einzelnen Boxer gibt es verschiedene Schulen des Boxens. Die älteste von diesen, und im Hinblick auf ihre Resultate möchte ich beinahe sagen die veraltetste – man verzeihe mir diesen Ausdruck –, kommt aus England. Es ist bemerkenswert, wie die alte englische Schule des Boxens immer noch floriert. Mit einer erstaunlichen Hartnäckigkeit, die in unserer vorwärtsstürmenden Zeit geradezu außerordentlich ist, beschränken sich manche Boxer auf das eng begrenzte Feld, das ihnen diese altmodischen Methoden bieten.

Es besteht zwar kein Zweifel darüber, daß die Grundlagen des modernen Boxens bei den Faustkampfheroen der alten Zeit zu finden sind, aber neue Schulen sind entstanden, und ohne irgendeine davon zu bevorzugen, muß man sagen, daß sie des Studiums wert sind. Nach einer ungestörten Herrschaft von nahezu einem Jahrhundert sah sich das Boxen in England plötzlich durch einen Gegner bedroht. Er erwuchs in den letzten zwanzig Jahren in Amerika und gelangte zu einer derartigen Entwicklung, daß er in der Geschichte des Ringes geradezu eine neue Ära begründete. Ohne sich an die englische Methode anzulehnen, entwickelten die Amerikaner ihre Boxkunst bis zu ihrer heutigen Spitzenstellung. Natürlich gibt es auch Ausnahmen wie Fred Welsh und Jim Driscoll, die sich gegen die bedeutendsten Matadore der Boxkunst, die das Sternenbanner vertreten, zu behaupten vermochten.

Obwohl man von Jim Driscoll immer gesagt hat, daß er das glänzendste Beispiel für die Wirksamkeit der englischen Methode sei, so ist doch bekannt, daß er nach seinen amerikanischen Tourneen weitaus besser war als vorher. Auf Fred Welsh trifft dieselbe Beobachtung zu, wenn auch mit Einschränkung, denn die Methoden dieses berühmten Leichtgewichts sind alles andere als die seines eigenen Landes.

Ich möchte übrigens betonen, daß ich die englischen Boxer oder ihre nationale Methode keineswegs herabsetzen möchte. Es gibt aber ein schlichtes englisches Sprichwort, das hier zutrifft: Der Beweis für die Güte des Puddings liegt darin, daß man ihn ißt. So stellt sich angesichts der Dekadenz des englischen Faustkampf-Prestiges die Frage: Ist nicht irgend etwas verkehrt an der Methode der heutigen englischen Boxer?

All dies ist lediglich eine Vermutung, die hoffentlich die

Empfindungen meiner lieben Freunde auf den Britischen Inseln nicht verletzt.

Ich hoffe im Gegenteil, daß sie meine Bemerkungen in dem brüderlichen und erzieherischen Sinne entgegennehmen, wie sie gemeint sind.

Mit voller Aufrichtigkeit kann ich sogar sagen, daß ich der glücklichste Mensch der Welt wäre, wenn dieses kleine Buch dazu diente, alle seine Leser zum Kampf um Weltmeisterschaftsehren zu begeistern. Natürlich kann ich soviel nicht erhoffen, aber ich vertraue darauf, daß es für viele wertvoll ist, und werde versuchen, es für jedermann interessant zu machen.

Wenn ich meine Methode niederschreibe, möchte ich dazu beitragen, daß die modernen Vorstellungen vom Boxkampf weltweite Verbreitung finden, jenseits allen nationalen Konkurrenzdenkens.

Zweifellos besitzt Frankreich jetzt einen eigenen Boxstil. Das wird sicher internationale Wettkämpfe interessanter machen. Heute sind uns die Amerikaner im »In-Fighting« zwar noch überlegen, aber wenn die französischen Boxer hier aufgeholt haben, werden sie den amerikanischen sogar überlegen sein. Diese Annahme folgt aus der Tatsache, daß die Briten und die Amerikaner zwar jeweils die besten Grundsätze für ihre Boxkunst haben mögen, die französische Methode jedoch beide zu einem vollkommenen Ganzen vereinigt.

Ich gebrauche das Wort »mögen« mit Vorbedacht, denn obwohl meine eigene Boxmethode sich für mich bisher als guter Freund erwiesen hat, so erhebe ich doch keinen Anspruch auf Unfehlbarkeit. Ich kann nur den anderen das weitergeben, was mir von Nutzen war.

Was die persönliche Aneignung meiner Methode anbetrifft, so möchte ich auf den Anteil meines ausgezeichneten Managers François Descamps hinweisen. Von meinem ersten Auftritt an war er mein beständiger Führer, Freund und Gefährte. Ein Talent zu besitzen und zu sehen, wie es sich ausprägt, das sind zwei ganz verschiedene Dinge.

Die Psychologie des Boxens wird vom Durchschnittsboxer nur wenig gewürdigt, und doch ist sie oft der Punkt, um den sich bei Wettkämpfen alles dreht. Man nehme zum Beispiel Boxer von dem Kaliber eines Fred Welsh. Leute wie er verdanken ihre Erfolge hauptsächlich der Arbeit ihres Gehirns während eines Kampfes, der beständigen Berechnung der Ursachen und ihrer wahrscheinlichen Wirkung, der Erprobung dieser Wirkungen im Kampf (oft unter großem Risiko).

Ist ein Boxer von dieser Lehre durchdrungen und besitzt er zugleich die notwendige Fertigkeit im Boxen, so ist er zum Erfolg gegen den prädestiniert, der trotz außergewöhnlichem technischem Können und physischen Eigenschaften nicht die erforderliche Intelligenz besitzt, diese Faktoren voll auszuwerten. Das heißt nicht, daß die geistige Ausbildung, die zu einem vollendeten Boxer gehört, nicht erworben werden kann.

Man neigt dazu, das Boxen als Sport zu behandeln, der wenig mehr als eine gründliche Kenntnis des Stoßens, verbunden mit roher Kraft, erfordert. Das ist ein großer Irrtum. Boxen ist eine Kunst, die, wie ich zu zeigen hoffe, auf einen erstaunlichen Höhepunkt gebracht werden kann. Leider machen sich nur wenige Leute und noch weniger Boxer die Mühe, die psychologische Seite der Boxkunst zu ergründen; und solange dies der Fall ist, wird diese edle Kunst von einer Wolke von Zweifeln bedeckt bleiben. In keiner anderen Sportart ist die menschliche Note so ausgeprägt. Es spielt hier etwas Ursprüngliches, Männliches mit. Es ist unverständlich, daß in der allgemeinen Beurteilung das Boxen nicht als die großartigste aller Leibesübungen gilt. Hier haben wir einen Sport, der nicht nur den Mann entwickelt, sondern auch seine innere Natur erzieht. Ich behaupte, daß das Leben eines Boxers das reinste und moralischste ist oder wenigstens sein sollte, wenn er wirklich auf Erfolg bedacht ist. Und was den Irrtum betrifft, daß das Boxen rohe Instinkte entstehen lasse, so kann dieser nur in den Köpfen neidischer Schwächlinge oder geistig Minderwertiger existieren. Vielmehr ist es ein veredelnder Sport, der neben dem Sinn für Selbstschutz auch den für Barmherzigkeit in uns entwickelt. Dies gilt für den echten Boxer, ich rede nicht von den wenigen Ausnahmen, die man in jeder Sportart findet. Der gewissenhafte Boxer ist ein wohlerzogener, anständiger Mensch, ein Gentleman und eine Zierde seiner Nation. In Frankreich zum Beispiel hat das Boxen in kurzer Zeit für die körperliche und moralische Verbesserung der jüngeren Generation mehr Gutes bewirkt als Jahrhunderte physischer und moralischer Belehrung.

Abgesehen davon behaupte ich, daß das Boxen alle erforderlichen Eigenschaften besitzt, um aus jungen Männern anständige Burschen zu machen. In Frankreich ist diese Tatsache längst anerkannt, und wir Boxer werden nicht wie in England verachtet, sondern als überdurchschnittliche Männer angesehen. Je mehr die guten Eigenschaften des Boxens allgemein anerkannt werden, desto mehr wird die edle Kunst zu ihrem Recht kommen.

Ich persönlich halte in allen Dingen sehr viel von der Willenskraft. In meiner ganzen Laufbahn als Boxer war sie mir besonders nützlich, denn bei allen meinen Erfolgen hat der Wille zum Sieg eine große Rolle gespielt. Auch moralische Unterstützung, beispielsweise durch den Manager oder Trainer, trägt zum Erfolg bei. Darum möchte ich allen Anfängern raten, sich zunächst zu fragen, ob sie auch wirklich für die Boxkunst geeignet sind. Ist dies der Fall, so empfehle ich ihnen, ihre ganze Willenskraft auf ihre Arbeit zu konzentrieren. Boxen darf nicht leichtgenommen werden. Manche glauben, ihre Boxausbildung sei beendet, sobald sie sich der orthodoxen Auslage bedienen, mit dieser oder jener Hand stoßen und selbst ein gewisses Maß von Hieben vertragen können. Manche schlagen dann sofort die Profilaufbahn ein und hoffen auf Glück und Geld.

Sie bewegen sich dabei in einem zu leicht gebauten Haus. Beim ersten Angriff schon wird das Luftschloß in seinen Grundfesten erschüttert werden. Der Mißerfolg wird auf mangelndes Glück zurückgeführt, dabei ist nur ihre Kurzsichtigkeit schuld. Ich wiederhole: Wenn man im Boxsport Erfolg haben will, braucht man nicht nur eine gründliche Ausbildung, sondern auch Zielstrebigkeit und Selbstvertrauen. Ohne das ist alle Mühe vergeblich.

Schon als Junge hatte ich – ich sage das ohne Überhebung – unbedingtes Vertrauen zu mir selbst. Ich war, gutes Training und normale Bedingungen vorausgesetzt, immer siegesgewiß. Dies war nicht etwa Aufgeblasenheit und Prahlerei, ich wußte vielmehr genau, daß ich technisch und geistig fit war für die von meinem Manager Descamps für mich abgeschlossenen Kämpfe.

Als ich mir vornahm, Harry Lewis gegenüberzutreten, waren meine Landsleute erschrocken. Sie nannten den Kampf eine verrückte Idee von Descamps. Die Blätter sprachen von einem Verbrechen, das mein Manager an mir beging, indem er mich mit einem Mann zusammenbrachte, der so hart zuschlug, daß er einen Gegner durch einen Hieb getötet haben soll. Es sei eine »Gemeinheit«, schrien die einen, andere nannten meinen Manager sogar einen Mörder. Auch wenn solche Äußerungen wohlmeinender Anhänger oft nur auf Beifall zielten, so war all dies nicht gerade dazu angetan, einem jungen Boxer Vertrauen einzuflößen. Die meisten jungen Boxer hätten an meiner Stelle viel von der Ängstlichkeit meiner Freunde empfunden. Und doch verließ mich das Vertrauen auf meinen Manager und mein eigenes Können nicht einen Augenblick. Im Gegenteil, alle diese warnenden Stimmen wirkten auf mich als Ansporn, und ich betrat den Ring zum Kampf gegen den berühmten Amerikaner gewohnt kaltblütig und zuversichtlich.

Selbstsicherheit ist, wenn sie nicht übertrieben wird, das wirksamste Mittel zum Erfolg. Das zu entwickeln, empfehle ich allen Boxern neben dem Erwerb der erforderlichen boxerischen Kenntnisse.

Die Kunst des Boxens kann ohne Neigung und Fähigkeit nicht erlernt werden. Obgleich Kämpfen dem Instinkt des

Max Schmeling mit Georges Carpentier, nach dessen Lehrbuch er den Faustkampf erlernte.

Mannes entspricht, gibt es doch viele Boxer, die selbst mit der besten Schulung nie auch nur einen Neulings-Wettbewerb gewinnen können. Ich liebte Boxen schon als Knirps von zwölf Jahren, und bevor ich auch nur ein paar Boxhandschuhe gesehen hatte, wußte ich, daß ich jeden Jungen meines Alters besiegen konnte. Schon mein erster Kampf überzeugte Descamps und mich, daß ich aus dem richtigen Stoff war, und er begann zu entwickeln, was in mir steckte. Ich sage das, um diejenigen zu warnen, die gern Boxer werden möchten, ohne die entsprechenden Fähigkeiten und Instinkte zu besitzen. Sie sollten sich lieber Sportgebieten zuwenden, für die sie die natürlichen Anlagen besitzen. Ein Junge, der Wochen braucht, um die Grundstellung zu lernen, sollte den Gedanken, eines Tages um große Einsätze zu boxen, lieber gleich aufgeben. Gewisse Dinge müssen von Natur aus in uns stecken. Die Kunst des Boxens kann man sich nicht aneignen; sie ist eine Gabe der Natur. Nichtsdestoweniger kann sie in denjenigen entwickelt werden, deren sportliche Begeisterung sich in diese Richtung bewegt.

Nach diesen Ausführungen möchte ich nunmehr versuchen zu erklären, wie dies geschehen kann.

Beim Betreten eines mit Menschen angefüllten Raumes oder beim Dahinschlendern auf der Straße hast du sicher schon bemerkt, daß der eine oder andere deine Aufmerksamkeit erregt, während du an anderen achtlos vorübergehst. Dies soll durch den unbewußten Einfluß einer Person auf die andere hervorgerufen werden. Wer kein Interesse an der Psychologie des Boxens hat, dem mag diese Art telepathischer Verbindung seltsam oder unsinnig erscheinen. Und doch habe ich oft die Erfahrung gemacht, daß die Gewalt eines Menschen über den anderen sich daraus ergibt, daß er geistig überlegen ist. Diese Art eines leichten hypnotischen Einflusses spielt im Boxring eine ungeheure Rolle. Wenn du, entweder durch persönlichen Magnetismus oder irgendwelche Handlungen vor oder während des Kampfes einen Gegner glauben machen kannst, daß du ihn zu schlagen vermagst, so ist er bereits so gut wie besiegt. Nimm zwei Boxer von derselben Qualität und laß den einen sich so benehmen, daß er den anderen von dessen bevorstehender Niederlage überzeugt, so kannst du darauf wetten, daß es so ausgeht. Tommy Burns war von dieser Möglichkeit der geistigen Unterdrückung des Gegners fest überzeugt, und man sagt von ihm, daß er manchen seiner Gegner regelrecht hypnotisierte. Das ist sicher übertrieben, aber Burns versetzte in der Tat viele seiner Gegner vor Beginn des Kampfes in Unruhe. Der Kniff, sie längere Zeit warten zu lassen, während er selbst sich gleichgültig entkleidete und andere umfangreiche Vorbereitungen für den Kampf traf, wirkte zweifellos ungünstig auf die Gegner. Niemand wußte dies besser als der Ex-Weltmeister, und er war vielleicht der erste mit Verstand kämpfende Boxer, der sich die Wirkung dieser Einschüchterung zunutze machte. Natürlich wirkte es je nachdem mehr oder weniger stark. Trotzdem lag darin die geistige Überlegenheit des einen über den anderen, denn willensstarke Gegner hätten Burns' Possen amüsiert und nicht demoralisiert.

Es gibt viele Kniffe, die man sozusagen als Vorspiel im Ring zum besten geben kann, alle schaden dem Gegner. Ihre Anwendung sei dem schauspielerischen Talent des einzelnen überlassen. Sie müssen aber dem Glauben an die eigene Fähigkeit, den Gegner schlagen zu können, entspringen. Lebt dieser in einem Mann, so scheint sich dies in jeder seiner Bewegungen kundzutun, vor allem in jenem furchtlosen Blick vorausahnenden Triumphs, der sich auf die eine oder andere Weise seinem Gegner mitteilt. Was diese geheime Kraft ist, vermag ich nicht zu erklären, ich weiß aber, daß sie existiert.

Oft genügt schon der Ruf eines Mannes, ihn einen Kampf gewinnen zu lassen. Seine Gegner, die nur des Geldes wegen boxen, nehmen freiwillig die erwarteten Hiebe hin, nur um die Sache bald hinter sich zu haben. In solchen Fällen könnte der Verlierer, wenn er den Glauben an seine Fähigkeit besäße, den

Mann mit dem großen Namen zu besiegen, dies oft auch tatsächlich vollbringen.

Neben den natürlichen und erlernten Fertigkeiten hat die Boxkunst diese psychologische Seite. Ohne sie sind die Fäuste rein mechanische Waffen.

Ein Mann zum Beispiel, der den Knockout erhalten hat, muß bei der zweiten Begegnung seinem Bezwinger gegenüber eine gewisse Unterlegenheit empfinden. Dieses Gefühl ist die Wirkung des Gesetzes vom geistigen Gleichgewicht im Verhältnis zur körperlichen Kraft.

Natürlich wirkt es geringer bei dem, der seine Tapferkeit erst noch zu erweisen hat, wenn du ihn aber von deiner Überlegenheit überzeugst, so kannst du wetten, daß er selbst dies zugeben wird, ehe der Kampf diese Frage entschieden hat.

Als ich im Begriff war, solche Boxer wie Harry Lewis, Frank Klaus, Billy Papke und Bombardier Wells zu treffen, waren die meisten Leute davon überzeugt, daß ich einer sicheren Niederlage entgegengehe. So seltsam es auch erscheinen mag, trotz aller schrecklichen Voraussagen ließ ich mich vom Ruf meiner Gegner nicht beeinflussen.

Auch als ich selbst glaubte, von Papke geschlagen zu werden – ich war zu einem Wrack abtrainiert –, auch dann verließ ich mich auf das alte Vertrauen zu mir selbst, meinen Gegner besiegen zu können. Unglücklicherweise blendete mich das Blut aus einer Wunde über dem rechten Auge derartig, daß ich dadurch meine Chancen einbüßte. Ohne diesen Zwischenfall wäre ich vielleicht erfolgreich gewesen.

Als ich Klaus gegenübertrat, ließ ich das einzige Mal in meinem Leben die Persönlichkeit und Willenskraft eines Gegners die meine beeinflussen. Ich hatte noch nicht erkannt, wie notwendig die Übereinstimmung von Körper und Geist für einen Boxer ist. Selbstvertrauen ist keine Überhebung, es ist ein Tribut, den jeder Mann sich selbst schuldig ist.

Wer hätte noch nicht von jenem geheimnisvollen Symbol der Selbstunterwerfung gehört, das man das »indische Zeichen« genannt hat. Der Besitz dieses Zeichens ist für einen Boxer nicht unbedingt das Eingeständnis von Feigheit; viel eher bedeutet es einem Manne gegenüber, der auf Grund psychischer oder sonstiger Kraft moralische Überlegenheit über uns erlangt hat, einen Verlust an Selbstvertrauen. Diese Kraft muß ein Boxer über einen Gegner erringen, und zwar nicht nur durch verschiedene Kunstgriffe, sondern auch durch den Ausdruck von Selbstachtung und überlegener geistiger Fähigkeit. Durch einen geheimnisvollen, sozusagen drahtlosen Prozeß erhält der Gegner von diesen Eigenschaften Kunde, und der erste Schritt zum Sieg ist damit getan. Der Boxer, der den Ring bleich vor Angst betritt, Furcht im Gesicht, mit zitternden Händen und Lippen, ist ein besiegter Mann, bevor der Gong zum Kampf ruft.

Es gibt eine Menge Dinge, die ein Boxer vor, bei und nach dem Kampf tun oder nicht tun sollte. Sie mögen uns vielleicht im richtigen Moment nicht einfallen, und doch können sie viel bedeuten.

Zum Beispiel habe ich es als schädlich empfunden, während des Trainings zu angestrengt zu arbeiten. Statt sich am Ende der täglichen Arbeit müde zu fühlen, sollte man nur eine Art angenehme Ermattung empfinden, die einen ordentlichen Schlaf erwarten läßt. Der Boxer, der sich überanstrengt, wird eine schlaflose Nacht verbringen, und solche Nächte zerrütten unser Nervensystem. Das beste Elixier ist sanfter, ununterbrochener Schlummer, und dieser ist unmöglich, wenn das Blut durch unvernünftige Überanstrengung vergiftet worden ist. Die goldene Regel besagt, daß jedes Übermaß, sei es in der Arbeit, im Vergnügen, im Essen, Trinken oder Schlafen schädlich ist. Eines Boxers Wahlspruch muß Mäßigung in allen Dingen sein. Ich persönlich rauche gern und freue mich daran bis etwa zehn Tage vor dem Kampf, für den ich trainiere. Von da an ist jede Übertretung der Trainingsregeln aufs strengste untersagt. Die meisten Boxer neigen viel zu sehr zu der Ansicht, daß ihre Siegeschancen um so besser seien, je härter sie arbeiten. Was in Wirklichkeit aber zum Erfolg führt, ist gerade genug körperliche Arbeit, verbunden mit umfangreicher Gehirntätigkeit. Wer sein Trainingspensum rein mechanisch durcharbeitet, nur weil es eben sein muß, wird nie den vollen Nutzen aus seinen Anstrengungen ziehen. Der denkende, peinlich gewissenhafte Boxer ist es, der Erfolg hat. Man vergesse nicht, daß ein Sieg besser ist als tausend Niederlagen.

Im Ring sollte der junge Boxer vor allem versuchen, stets eine lächelnde Miene zur Schau zu tragen. Geh hinüber zu deinem Gegner und schüttle ihm freundlich die Hand. Vergiß für den Augenblick, daß du dich in der Öffentlichkeit bewegst, und benimm dich, als ob du dich in der Trainierschule befändest. Beobachte den Eindruck, den deine Bewegungen auf deinen Gegner machen. Studiere den Ausdruck seines Gesichts, seiner Augen und der seines Managers, wenn dieser als Hauptsekundant fungiert. Entdeckst du auch nur den leisesten Anschein von Ängstlichkeit bei einem von ihnen, so ist dies ein sicheres Zeichen dafür, daß sie nervös sind. Dies ist der richtige Augenblick, sie durch fröhliches Auftreten und vergnügte Unterhaltung von deiner eigenen Gemütsruhe zu überzeugen. All dies muß aber natürlich sein und wirklichem Selbstvertrauen entspringen. Ist dies nicht der Fall, dann spiele deine Rolle, so gut du eben kannst. Achte aber darauf, daß du sie schauspielerisch richtig spielst, denn es ist ein Eingeständnis von Schwäche, wenn man eine Sache entweder übertreibt oder schlecht ausführt. Wenn der Manager deines Gegners unwichtige Dinge wichtig nimmt, kannst du versichert sein, daß er zu seinem Schützling nicht allzuviel Vertrauen hat. Kämpfe mit Entschlossenheit, aber nicht mit Erbitterung, und verliere vor allem nicht die Ruhe. Solltest du deinen Gegner niederschlagen, so tritt ein paar Schritte von ihm weg und gib ihm eine faire Chance, den Kampf wieder aufzunehmen. Überhaste dich nicht, wenn du deinen Gegner so weit hast, daß er zu taumeln beginnt; nimm dir Zeit zu genauer Berechnung und bringe ihm dann einen entscheidenden Hieb bei. Tue alles, was du kannst, um dich selbst vor Schwierigkeiten zu bewahren, indem du den Kampf möglichst schnell zu Ende führst. Laß nie eine Chance aus und gib selbst so wenige wie nur möglich. Bist du zu Boden geschlagen worden, so übereile dich nicht mit dem Aufstehen; denke dabei über die Situation nach. Dies kannst du nämlich ebensogut auf einem Knie tun, wie während du weitere Prügel in Empfang nimmst. Laß deinen Gegner nie merken, daß er dich verletzt hat.

Auch wenn du geschlagen worden bist, ergreife die dir von deinem Überwinder angebotene Hand freundlich; halte dir dabei vor Augen, daß eine ehrenvolle Niederlage keine Schande ist.

Verlasse den Ring niemals mit Groll gegen deinen Gegner. Solltest du dagegen der Sieger sein, so versichere ihm stets, daß er der beste Boxer sei, mit dem du je zusammengetroffen seist. Das kostet nichts, wirkt aber wie Balsam auf den Besiegten. Erzähle den Leuten nie, du hättest deinen Gegner in diesem Kampf schon früher kampfunfähig machen können; nur wenige werden es glauben. Hast du den »Knockout« erhalten, so ist es nicht notwendig, jedem zu erzählen, daß du nur durch Aufschlagen des Kopfes auf den Boden bewußtlos geworden bist und nicht durch einen Schlag. Knockouts sollten eigentlich nur denen zustoßen, die in der Boxkunst nicht allzu bewandert sind. Halte dir immer vor Augen, daß immer die Möglichkeit der Vervollkommnung besteht; sei daher niemals verzagt über deine Niederlage. Laß dich dadurch vielleicht in deiner guten Meinung von dir beeinträchtigen, aber nicht in deiner Gemütsverfassung.

Gerhard Reimann

Für Berliner ist »Maxe« ihr Mann

Paavo Nurmi lief Finnland in den zwanziger Jahren auf die Landkarten der Welt. Mit dem Namen Max Schmeling verbinden gleichermaßen in manch fernem Winkel der Erde Menschen, die nie von Martin Luther, Johann Wolfgang Goethe, Ludwig van Beethoven, Otto von Bismarck, Konrad Adenauer oder Helmut Kohl gehört haben, Deutschland. Der Kosmopolit Max Schmeling, geboren in der Uckermark, in Hamburg aufgewachsen und in Hollenstedt lebend, könnte aber aus tiefstem Herzen sagen wie John F. Kennedy: »Ich bin ein Berliner!«.

Kein anderer Ort hat den Menschen, den Boxer, die Persönlichkeit Schmeling so geprägt wie die alte und neue Hauptstadt. Lokalpatriotismus des Chronisten?

Vielleicht.

Aber die Behauptung ist mühelos zu beweisen.

»Maxe« – so liebevoll tauften die Berliner den jungen Athleten, der 1926 beim Chefredakteur des »Boxsport« in dessen Büro am Schiffbauerdamm anklopfte, 20 Pfennig im ansonsten leeren Beutel, den Sack mit Ehrgeiz um so voller. »Kommen Sie zu mir, wenn Sie etwas auf dem Herzen haben«, an diese Worte von Arthur Bülow erinnerte sich der fast entmutigte Zwanzigjährige. Fünf seiner 22 Kämpfe hatte er in Berlin bestritten, wie ein kommender Meister sah er auch an seinem Standort Köln nicht aus. Nur Bülow, überragender Pionier des aufblühenden deutschen Faustkampfes, spürte instinktiv, mit welch ungeschliffenem Edelstein er per Handschlag die Boxwelt erobern wollte.

22 Monate später zierten drei deutsche und europäische

Meisterschärpen – zwei davon in Spree-Athen erkämpft – den jungen Burschen auf dem Sprungbrett zum Weltruhm. Und tout Berlin riß sich in diesen »roaring twenties« um den kometenhaft aufgestiegenen Boxer. Das heutige Henry-Maske-Fieber hält da kaum einen Vergleich aus. Im Salon des Kunsthändlers Alfred Flechtheim oder in der Weinstube von Gustav Schwanneke drängte sich die Prominenz aller Couleurs um den Mann mit den harten Fäusten. Mimen wie Olga Tschechowa, Renate Müller, Ernst Deutsch, Fritz Kortner, Maler und Bildhauer wie George Grosz oder René Sintenis ... und und und.

Bis weit in die Zeit nach dem Zweiten Weltkrieg riß die Liste nie ab.

Und der Mann auf der Straße, der Besucher auf dem »Heuboden« des Sportpalastes? So wie sie die Eisprinzessin Sonja Henie »Häseken«, ihr Fußball-Idol Hans Sobek »Hanne«, den Zauberkünstler im Sulky, Johannes Frömmig (einen der ältesten Freunde des Boxers) »Hänschen« tauften, so erklärten die Berliner Schmeling als »Maxe« zu einem der Ihrigen.

Der sportliche Höhenflug, der mit dem »Angriffspakt« Schmeling–Bülow begann und bei dem der Mentor beim Sturm auf die neue Welt auf der Strecke blieb, ist in anderen Kapiteln dieses Buches aufgezeichnet. Immer kehrte Schmeling in die Metropole zurück, die er wie ihr Umland lieben und schätzen gelernt hatte. Alle Weichenstellungen seines Lebensweges erfolgten hier.

Nach einer Kinopremiere (»Die vom Rummelplatz«) ebneten Olga Tschechowa und der Boxmanager Paul Damski dem schüchternen Verehrer Max den Weg zum Herzen von Anny Ondra. Nach 54 Jahren einer harmonischen Ehe kam Annys Tod einer tiefen Zäsur im öffentlichen Auftreten des populärsten deutschen Sportsmannes gleich. Über Jahrzehnte hatte er regelmäßig die eingemauerte Stadt besucht, nie ohne Kaffee und Kuchen bei Erika Machon, Witwe seines Trainers und Bülow-»Erben« Max Machon.

Auch auf dem Presseball vermißten wir ihn. Doch zu einer Ehrung durch Richard von Weizsäcker kehrte Schmeling aus Anlaß seines 85. Geburtstages an den grünen Strand der Spree zurück.

Ein knappes Jahr zuvor war die Mauer gefallen. Und nicht nur »Maxe« konnte auf Spuren der Vergangenheit wandeln. Auch wir Journalisten taten es. Eine Woche vor dem Tag der Deutschen Einheit am 3. Oktober 1990 überraschte mich im Garten des idyllisch am Obersee von Lanke gelegenen Restaurants »Seeschloß« der obligate Küchenchef-Pappkamerad mit der Aufschrift »Maxe« an der Kochmütze. Dann führte mich der Wirt Ulrich Zimmler, Enkel jenes Mannes, bei dem Bülow seinen Schützling vor allen Kämpfen einquartierte und wo Hermann Herse und Paul Noack als Sparringspartner halfen, in die über DDR-Zeiten erhaltene »Schmeling-Ecke«. Heute hat sich das »Seeschloß« zu einem blitzblanken Hotel gemausert. Zu den nostalgischen Fotos gesellte sich ein neues von Schmeling und ein Brief an die Nachkommen seiner Wirtsleute. Und das Plakat, das ihn und seinen »Enkel« Henry Maske beim West-Ost-Brückenschlag als Botschafter des guten Willens zeigt.

In Lanke war Max wohl bisher nur so unerkannt wie in Klein-Luckow. Über halb verkrautete Plattenwege erreichte ich das verschlafene Nest, in dem Schmeling die ersten Monate seines Lebens verbrachte. Ein eher unscheinbares Holzschild sagt aus: »Geburtshaus von Max Schmeling. Geb. 28. 9. 1905. Weltmeister im Schwergewicht 1930 bis 1932.« Ein Dorfbewohner, nur unwesentlich jünger als der namhafteste Mensch des Dörfchens, sagte bedauernd: »Wir hätten ihm alle so gerne die berühmte Hand geschüttelt. Aber nur unser Pastor wußte von Schmelings Besuch, er durfte nichts verraten.« Verraten tat er, daß Klein-Luckow zu jenem Kreis von Institutionen und Personen gehört, die regelmäßig von der Schmeling-Stiftung bedacht werden.

Das Haus in Bad Saarow, von dem aus der Waidmann

Schmeling auf die Pirsch ging und seiner Leidenschaft frönte, hat er längst der Gemeinde überlassen. Ob die wohl auch einmal einen Scheck mit dem »Autogramm« von Axel Schulz erhält?

Daß er doch noch seinem Vorbild nachfolgt, dafür ist sein Geburtsort zumindest ein gutes Omen ...

In dieser weitläufigeren Region entdeckte ich auch eine »Schmeling-Wiese«. So jedenfalls nennen betagte Bewohner des Spreewald-Örtchens Alt-Zauche eines jener Reviere, auf dem »Maxes« Büchse so zielsicher traf wie seine legendäre Rechte. Auf diese warteten wir am naßkalten 31. Oktober 1948 in der Waldbühne vergeblich. Schneeflocken rieselten, ein zusätzlicher Lammfellmantel half nichts. Der 43jährige Schmeling schrieb das sportliche Schlußkapitel seiner unvergleichlichen Karriere nur als Schatten seiner selbst. Die enttäuschte Bestie Publikum rüstete zum Pfeifkonzert. Aber ehe der Punktsieg von Richard »Riedel« Vogt angesagt wurde, riß der große, alte und kluge Mann des Boxsports noch einmal eine verloren geglaubte Schlacht aus dem Feuer: »Liebe Boxsportfreunde. Max Schmeling gibt bekannt: das war sein letzter Kampf!«

Der geschlagene deutsche Sportsmann Nummer 1 verließ die Arena im Triumphzug, und mancher Berliner zerdrückte mühsam eine Träne.

Ende 1996 schließt sich der Kreis weiter. Dann wird die »Max-Schmeling-Halle« in Berlin eröffnet. Und nach der Absage aus gesundheitlichen Gründen zur Grundsteinlegung freuen wir uns nun auf ein Wiedersehen mit »unserem« Max Schmeling.

Arthur Donovan jr. *aufgezeichnet von Jack Hirsch*

»Spielt dein Sohn eigentlich Football?«

Es ist ein wenig überraschend, daß ich mich für Football als Sportart entschieden habe, da meine Familie eigentlich mehr dem Boxen zugetan war. Mein Vater, Art Donovan Senior, war ein weltbekannter Ringrichter, der von 1933 bis 1946 allein vierzehn Weltmeisterschaftskämpfe im Schwergewicht leitete. Mein Großvater war selbst im Faustkampf aktiv und wurde ein recht bekannter Boxer. Unter dem Spitznamen »Professor« wurde Mike Donovan erfolgreich und boxte im Mittelgewicht, leitete sogar eine eigene Boxschule in New York City.

Teddy Roosevelt, der zu der damaligen Zeit noch der Leiter der New Yorker Polizeibehörde war und später ja bekanntlich Präsident der Vereinigten Staaten wurde, machte sich dafür stark, daß die Polizisten ebenfalls Boxunterricht nahmen. Mein Großvater wurde zu einem der Lehrer ernannt und bildete eine ganze Menge der Polizisten aus. Gerade im Hinblick auf defensive Taktiken sollte den Burschen etwas beigebracht werden, damit sie sich verteidigen konnten.

Ich war noch ein ganz junger Kerl von gerade mal elf und dreizehn Jahren, als die beiden Kämpfe zwischen Schmeling und Louis stattfanden, aber ich erinnere mich noch recht gut an die Nachmittage vor den Kämpfen. Wie ein Ritual kam es mir vor, wenn meine Mutter dann die Sporttasche für meinen Vater mit den Sachen, die er als Ringrichter brauchte, einpackte. Da durften wir kaum stören, damit sie nichts Wichtiges vergaß.

Danach gingen wir gemeinsam, meine Mutter, meine Schwester und ich zum Yankee-Stadion in der Bronx, dem Austragungsort der besagten Kämpfe.

Dort gaben wir dann meinem Vater die Sachen, da zu dieser Zeit der Ringrichter immer erst am Kampftag selbst benannt wurde und somit keine allzu lange Vorbereitungszeit hatte.

Mein Vater mochte Schmeling sehr, hatte großen Respekt vor seinen Leistungen. Am Tag, nachdem Schmeling Louis k.o. geschlagen hatte, unterhielt er sich lange mit meiner Mutter über diesen Kampf. »Mein Gott, Mary – dieser Kerl ist ein harter Bursche«, waren seine Worte, als er über Schmeling und den Kampfverlauf sprach.

Vor dem zweiten Kampf bemerkte mein Vater, wie groß der Wille von Louis war, Schmeling auszuknocken. Er kannte natürlich die politische Bedeutung des Kampfes und wußte, daß Präsident Roosevelt Louis vor dem Kampf in dessen

Ringrichter Arthur Donovan zählt Joe Louis aus.

Trainingscamp besucht hatte. Aber er ließ sich in seiner persönlichen Vorbereitung auf diesen Kampf davon nicht beeindrucken – er war immer gleichermaßen fair zu beiden Boxern.

Es gab diese Kontroverse im zweiten Kampf, als Max Schmeling harte Treffer hinnehmen mußte und Joe Louis ihn dabei einmal tief traf. Solche Dinge geschehen im Eifer des Gefechts schon einmal – auch Ringrichtern ist letztlich kein einfacher Job.

Am Tag nach diesem Kampf war ich im Raum, als mein Vater seine Sporttasche auspackte. An seinem Hemd, das er während des Kampfes getragen hatte, klebte Blut. So etwas kam nicht sehr oft vor, deshalb ist es mir in Erinnerung geblieben. Mein Vater besuchte später Schmeling auch im Krankenhaus, und Max war zufrieden mit der Arbeit, die mein Vater tags zuvor gemacht hatte. Interessanterweise leitete mein Vater zwar recht viele Kämpfe von Joe Louis, hatte jedoch nie eine persönliche Beziehung zu ihm.

Vielen jungen Leuten, die ihn auf das Boxen ansprachen, erzählte mein Vater von seinen Ringrichterleistungen in den vielen Kämpfen, die er geleitet hatte. Immer wenn der Name Schmeling zur Sprache kam, war mein Vater voller Lob für diesen Mann, der so viel erreicht hat und es in seinem Leben, sportlich wie privat, nicht immer leicht hatte.

Mehr als 55 Jahre arbeitete mein Vater in einem Sportclub im Herzen von Manhattan, hat so vielen Jugendlichen den Weg in den Boxsport gezeigt.

Vor ungefähr dreißig Jahren, es muß Mitte der sechziger Jahre gewesen sein, sahen sich Schmeling und Louis in New York im Nassau Kolosseum wieder, und wir machten viele Bilder von den beiden sowie von meinem Vater und mir. Schmeling musterte mich eine Weile, beobachtete, wie ich mich bewegte, und sagte dann leise zu meinem Vater, so daß ich es nicht hören konnte: »Dein Sohn ist ein großer und gutgebauter Mann – hat er schon mal versucht, Football zu spielen?«

Noch heute schmunzle ich, wenn ich an diese Bemerkung Schmelings denke.

Um den Lesern die Möglichkeit zu geben mitzuschmunzeln, ein kurzes Zitat aus einem Zeitungsbericht. »Groß, stark, schnell und clever – Art Donovan wurde zu einem der populärsten Spieler im professionellen Football – und auch einer der besten! Er gehörte zur Auswahl der NFL in den Jahren 1954, 1955, 1956 und 1957 und spielte in fünf aufeinanderfolgenden Pro Bowls in der Mitte der fünfziger Jahre. In seinem Team, den Baltimore Colts, bildete der knapp 1,90 Meter große und 122 Kilogramm schwere Art eine der gefürchtetsten Abwehrreihen mit Gino Marchetti, Don Joyce und Big Daddy Lipscomb.«

Aber Schmeling konnte kaum wissen, daß ich in dieser Boxerfamilie so aus der Art geschlagen bin und nicht selbst auch mal in den Boxring kletterte. Außerdem war American Football zu dieser Zeit in Deutschland wenig populär. Aber es zeigt einmal mehr, welch gutes Auge Schmeling hatte. Wer kann schon auf einen Blick feststellen, welche Sportart jemand, den man nur kurz gesehen hat, mit Erfolg betreiben könnte?

Archie Moore *aufgezeichnet von Jack Hirsch*

»Von Max viel für meine Kämpfe gelernt«

Max Schmeling war der Ringrichter in einem Kampf, den ich am 1. Mai 1957 in Essen gegen den Lokalmatador Hans Kalbfell bestritt. Es war mein erster Kampf nach meiner vorzeitigen Niederlage gegen Floyd Patterson um die Schwergewichts-Weltmeisterschaft.

Schmeling verhielt sich sehr fair, obwohl mein Gegner ja ein nicht unpopulärer Landsmann von ihm war. Ein Sieg über mich hätte einiges für seine weitere Karriere bedeutet; für mich dagegen wäre eine Niederlage ein zusätzlicher Rückschritt gewesen.

Schmeling selbst war in Amerika von den Punkt- und Ringrichtern nicht immer einwandfrei behandelt worden, somit gab es einige Stimmen in meinem Umfeld, daß Schmeling es »uns« durch ebensolches Verhalten heimzahlen könnte.

Aber weit gefehlt.

Er machte genau das, was man von einem Ringrichter erwartete, und zeigte keinerlei Parteilichkeit.

Als Person mag ich Schmeling so sehr, weil er immer freundlich war, nie aufsteckte.

Und weil er eine echte Legende ist, lieben ihn auch so viele andere Menschen.

Viele wußten um die Schlaghärte des Boxers Schmeling, aber was sie dabei unterschätzten, war, daß er auch ein großartiger Defensivboxer war. Er hatte eine sehr gute Deckung und konnte so den Angriffen seiner Gegner vieles an Wirkung nehmen.

Ich bemerkte diese Fähigkeiten bei ihm, als ich selbst noch ein junger Boxer auf dem Weg nach oben war und einige seiner

Kämpfe beobachtete. Danach versuchte ich, mir ein paar dieser Bewegungen abzuschauen und daraus zu lernen, sie in meinen Kampfstil einzuarbeiten.

Es hat keinen Sinn, einen erfolgreichen Boxer nachzuahmen. Man muß seinen eigenen Stil entwickeln und sich nur die positiven Eigenschaften anderer anzueignen versuchen.

Und bei Schmeling gab es eine ganze Menge dieser Eigenschaften ...

Manche dieser speziellen Defensiv-Bewegungen von Schmeling habe ich in meinen späteren Kämpfen erfolgreich angewandt, und somit hat »Maxe« auch einen indirekten Anteil an meinem Erfolg. Am richtigen Tag – da bin ich mir sicher – könnte Schmeling jeden anderen Schwergewichtler der Welt schlagen. Er hat soviel Kraft in beiden Fäusten, zeigte immer die richtige kämpferische Einstellung, daß dies ohne weiteres möglich wäre. Und wenn ich »jeden« sage, meine ich auch und gerade solche Boxer wie Muhammad Ali, George Foreman und Mike Tyson.

Schmeling hatte es bei seinen Kämpfen in Amerika besonders schwer, weil unsere Boxer hier natürlich besonders motiviert waren, wenn sie gegen ihn in den Ring stiegen. Sie wollten ihn am liebsten k.o. schlagen. Da spielte auch so ein bißchen der Gedanke hinein, daß es eine Auseinandersetzung »Amerika gegen Deutschland« war. Die Zeiten haben sich geändert, aber so war es eben damals. Dennoch meistens der Sieger zu bleiben, macht einen zu einem Champion. Keine Frage: Schmeling ist einer.

Archie Moore war Weltmeister im Halbschwergewicht von 1952 bis 1962 und holte sich den Titel im 175. Kampf seiner Profilaufbahn. Seine Regentschaft als Weltmeister ist die drittlängste in der Boxgeschichte, nur übertroffen von Joe Louis und Johnny Kilbane.

Moore ist der einzige Mann, der sowohl gegen Muhammad Ali als auch Rocky Marciano geboxt hat.

Stephen Macht *aufgezeichnet von Jack Hirsch*

Max und Joe in der »Arena der Leidenschaften«

Im Jahre 1978 zeigte in den USA das National Broadcasting System (NBC) einen Spielfilm unter dem Titel »Ring of Passion« (etwa: Arena der Leidenschaft). Dieser Spielfilm handelte in der Hauptsache von den beiden inzwischen zur Legende gewordenen Kämpfen zwischen Max Schmeling und Joe Louis.

Und wie das bei Hollywoodfilmen so üblich ist, werden immer – auch wenn es sich um wahre Begebenheiten handelt – ein paar neue und erfundene dramaturgische Details an die bestehenden Fakten drangehängt. Bei diesem Film war es nicht anders, wie vor allem Box-Kritiker bemerkten.

Eine dieser nicht den Tatsachen entsprechenden und sofort ins Auge fallenden Übertreibungen war beispielsweise, daß man Louis vor Freude im Ring herumhüpfen sah, nachdem er im zweiten Kampf Schmeling k.o. geschlagen hatte. Alle, die die Karriere des »Braunen Bombers« verfolgt haben, wußten, daß Louis im Ring kaum Gefühle zeigte und ein solches Verhalten niemals an den Tag gelegt hätte, nicht einmal in der Sekunde seines vielleicht wichtigsten und bedeutendsten Sieges.

Und es gibt eine Szene, in der Schmeling von einem Reporter zu den politischen Umständen im Deutschland der dreißiger Jahre befragt wird. Er wird auch gefragt, warum er nicht in die USA auswandere. Ein etwas grimmiger Schmeling antwortet darauf, daß seine ganze Familie in Deutschland lebe und er sie dann wohl niemals wiedersehen werde. Schmeling hatte im wahren Leben über einen solche Umzug nie ernsthaft nachgedacht.

Aber der Film war keinesfalls unfair Schmeling gegenüber. Er zeigte ihn in seinem unerschütterlichen Vertrauen zu seinem jüdischen Manager Joe »Yussell« Jacobs. Von einem deutschen Politiker aufgefordert, sich doch von Jacobs zu trennen und sich gefälligst einen deutschen Manager zu nehmen, antwortet Schmeling wütend mit den Worten: »Meinen sportlichen Erfolg habe ich allein Jacobs zu verdanken.« Kein Gedanke daran, sich einen neuen Manager zu nehmen.

Auch Jacobs selbst ist ein interessanter Charakter in dem Film. Vor einem von Schmelings Kämpfen in Deutschland wird zu Ehren Hitlers der Führergruß ausgeführt. Jacobs folgt zwar den Anweisungen – was in Amerika nicht sonderlich gerne gesehen wurde –, doch kreuzt er die Finger der anderen Hand hinter seinem Rücken.

So kurz der zweite Kampf der beiden Kontrahenten auch war – der Kampf war ja nach nur zwei Minuten schon vorbei –, Schmeling erlitt schwere Verletzungen im Kampf gegen Louis und mußte sofort nach Kampfende im Krankenhaus behandelt werden. In der Realität war die Verletzung nicht so schlimm, daß die Ärzte wirklich glaubten, Schmeling würde für immer gelähmt bleiben. Im Film jedoch beschreibt ein aufgeregter Joe Jacobs die Verletzungen Schmelings als so ernst, daß einer der Ärzte gar behauptet, Schmeling werde nie wieder alleine gehen können. Nach dieser Bemerkung will einer der Reporter wissen, wie es dann für Schmeling – selbst wenn er nur vorübergehende Lähmungserscheinungen gehabt habe – möglich gewesen sei, sich selbst wieder auf die Füße zu stellen? »So ist er halt, der Max«, schreit daraufhin Jacobs wütend.

Auch wenn nicht alle filmischen Darstellungen letztlich mit den Fakten übereinstimmten, so ist dieser Film doch ein sehr gut gemachtes Boxer-Epos, das den Zuschauern einen Blick auf die Umstände ermöglichte, in denen Schmeling sich vor dem zweiten Duell mit Louis befand. Es zeigt Schmeling bewußt in der Rolle des Schurken, der ein ganzes Land am Abend des 22. Juni 1938 im Yankee-Stadion gegen sich hatte.

Sicherlich ein großes Gefühl der Einsamkeit, ein Gefühl, welches man nur schwer beschreiben kann und das nur wenige nachfühlen können.

Schauspieler Stephen Macht, der die Rolle Max Schmelings spielte, porträtierte den Ex-Weltmeister in einer sehr einfühlsamen Art und Weise. Er gehörte zu den wenigen Menschen, die nachvollziehen konnten, wie Schmeling in dieser Zeit gefühlt haben muß. Beinahe 20 Jahre nach der Entstehung des Films ist Macht noch immer von der Person Schmelings beeindruckt. »Ich bin sehr stolz darauf, Schmeling im ›Ring of Passion‹ gespielt zu haben. Es war eine sehr große Herausforderung für mich und brachte mir letztlich sogar den Gewinn des ›Hollywood Critics Circle Award‹ ein.

Zwar habe ich Schmeling niemals persönlich kennengelernt, aber in der Vorbereitung auf meine Rolle habe ich mich mehr als sechzehn Stunden mit alten Tonbandaufnahmen beschäftigt, bei denen Schmeling sehr in die Tiefe ging und nicht nur über seine sportlichen Erfolge redete, sondern auch über seine

Familie, seine Frau und seine Freunde. Anhand dieser Dokumente konnte ich mir ein sehr genaues Bild des Mannes machen, der so viel erreicht hat und dennoch immer bescheiden geblieben ist.

Zusätzlich trainierte ich mehr als zehn Tage mit dem Stuntman Sonny Shields für die Kampfszenen, um ein Gefühl dafür zu bekommen, wie man sich als Boxer im Ring fühlt. Durch diese Erfahrungen konnte ich mich sehr viel besser in diese Einsamkeit hineindenken. Schon im Ring ist man ja auf sich selbst gestellt und muß sich im wahrsten Sinne des Wortes

Max Schmeling und sein Manager Joe Jacobs: im Hotel, bei einer Pressekonferenz und bei einem Arbeitsgepräch.

durchboxen. Nach diesen Erfahrungen hielt ich mich für sehr gut vorbereitet.

Durch mein Geschichtsstudium wußte ich bereits eine ganze Menge über den Holocaust und die Umstände in dieser Zeit. Mich faszinierte die Tatsache, daß Schmeling dennoch einen jüdischen Manager hatte und nie ernsthaft über eine Trennung nachdachte. Im nachhinein erscheint ein solches Verhalten vielleicht gar nicht so spektakulär, aber man muß sich mal ernsthaft in eine solche Situation vertiefen. Denn auf seine Grundsätze zu pochen und sich selbst treu zu bleiben ist meines Erachtens schwerer, als einen Kampf im Ring zu gewinnen.

Dies allein sollte als Argument genügen, um zu widerlegen, daß Schmeling mit dem Nazi-Regime sympathisierte. Ich muß an dieser Stelle hinzufügen, daß selbst wenn Schmeling ein Sympathisant gewesen wäre, ich diese Rolle dennoch angenommen hätte. Ich bin ein professioneller Schauspieler und muß nicht unbedingt mit den persönlichen Moralvorstellungen konform gehen, um eine überzeugende Rolle zu spielen. Wie auch immer, ich wurde schnell ein Fan von Schmeling und war sehr an seinem realen Leben interessiert. Ich konnte viel von dieser Persönlichkeit annehmen und mich selbst auch ein wenig weiterentwickeln.

Nicht ganz so bekannt ist, daß der eigentliche Titel des Films ›Rehearsal for Armageddon‹ heißen sollte, dann aber in ›Ring of Passion‹ geändert wurde.

Was ich besonders an diesem Projekt gemocht habe und noch immer mag, ist, daß Schmeling ein solch fabelhafter Sportsmann war. Louis hatte eigentlich mehr Talent, aber Schmeling war der schlauere und erfahrenere Fighter. Er war in der Lage, die Schwächen von Louis zu seinem Vorteil auszunutzen.

Der Film war kein richtiger Boxerfilm oder eine Sportgeschichte, es war mehr eine politische Dokumentation, die Schmeling als ein Opfer der Zeit und der Umstände zeigte. Er selbst konnte die Animositäten und Vorurteile seiner Person gegenüber vor dem zweiten Aufeinandertreffen mit Louis nur schwer verstehen. Auf dem Weg zum Ring wurde er ja bekanntlich bespuckt und mit Zigaretten beworfen. Kein Wunder, daß durch diese Vorkommnisse seine Konzentration litt. Das mag der Hauptgrund für die spätere Niederlage des Deutschen gewesen sein.

Ich habe mein Bestes getan, Schmeling so darzustellen, wie er meines Erachtens wirklich war und ist: Ein sympathischer Mensch und eine angenehme Erscheinung. Aber ein bißchen spielten natürlich amerikanische Gefühle in das Drehbuch hinein.«

Tobias Drews

»Max schlägt Muhammad Ali zu Boden« oder Die neue Inflation der Schmeling-Enkel

Spätestens mit jedem Wechsel eines Championats der Weltboxverbände – gleich in welcher Gewichtsklasse – stellten sich die Fachjournalisten die einfach klingende, aber sehr schwer zu beantwortende Frage: »Wie würde Boxer xy gegen einen der alten Meister ausgesehen haben?«

Über bessere Nehmerfähigkeiten und höhere Schlagkraft, schnellere Beinarbeit und intensivere Vorbereitung wurde alles ausdiskutiert – das Ergebnis jedoch blieb immer dasselbe: Niemand kann es genau wissen, alles bleibt eine Glaubensfrage. Aber muß man sich damit zufriedengeben?

Nein, dachten sich einige amerikanische Box-Experten im Jahre 1967. Sie organisierten eine Art Box-Turnier, das auf den ersten Blick abenteuerlich erschien: Es sollte genau analysiert werden, wer nun wirklich der beste Schwergewichtler aller Zeiten war. Da manche der Herren aber schon tot oder zu betagt waren, die Handschuhe für einen echten Kampf nochmals anzuziehen, wurde ein Computer-Wettbewerb organisiert. Dreizehn der führenden Sportjournalisten der USA benannten zuerst die Teilnehmer, die sich aufgrund ihrer Leistungen im Ring für die Teilnahme qualifiziert hatten.

Sechzehn Namen blieben übrig: Max Baer, Jimmy Braddock, Cassius Clay, James J. Corbett, Jack Dempsey, Bob Fitzsimmons, Jim Jeffries, Jack Johnson, Joe Louis, Rocky Marciano, Jess Willard, Jersey Joe Walcott, Gene Tunney, John L. Sullivan, Jack Sharkey und der Deutsche Max Schmeling.

Einige dieser Boxer hatten sich schon wirklich im Ring gegenübergestanden, aber für eine Analyse reichte das nicht. Also wurden die Boxer nach 129 Variablen eingestuft:

Wie schnell bewegte der Boxer sich, konnte er Kombinationen schlagen, wie präzise kamen seine Schläge, war er mutig, boxte er defensiv oder offensiv, konnte er Schläge einstecken, wieviel Schlagkraft hatte er, verfügte er über den sogenannten »Killer-Instinkt« und noch viele andere Punkte mehr.

Jeder Kampf, den einer der Boxer bestritten hatte, wurde Schlag für Schlag ausgewertet und in den Computer eingespeist. Dieser errechnete dann Millionen von verschiedenen Möglichkeiten für den Verlauf einer Runde und verkündete danach einen wirklichkeitsnahen Durchschnittswert.

Computerexperten und angesehene Mathematiker errechneten eine genaue Formel, anhand derer die Auswertung erfolgte. Der Herausgeber der Fachzeitung »The Ring«, Nat Fleischer, und der führende Boxhistoriker Hank Kaplan stellten gemeinsam mit den Gebrüdern Dundee (Chris Dundee gehörte zu den bekanntesten Promotern und Angelo zu den führenden Trainern, er betreute Cassius Clay) die Paarungen zusammen. Es wurde mit Guy LeBow ein bekannter Kommentator verpflichtet und als fiktiver Ringrichter Ruby Goldstein eingesetzt.

Alle »Kämpfe« fanden nach dem Regelwerk der Miami Beach Boxing Kommission statt und wurden wie unter echten Bedingungen nachgesprochen.

Dafür wurden bei normalen Kämpfen der Beifall der Zuschauer und der Klang der Bewegungen im Ring, der Ton von Treffern mit den Handschuhen sowie der Rundengongs aufgezeichnet und für den jeweiligen Kampfverlauf in mühevoller Kleinarbeit wieder zusammengebastelt. Das Ergebnis war dann auf über 300 Radiostationen in der ganzen Welt zu hören.

Gleich im ersten Kampf hatte es Schmeling mit einem dicken Brocken zu tun: Ihm war im Zufallsprinzip niemand Geringerer als Cassius Clay zugelost worden, der sich zu dieser Zeit bereits Muhammad Ali nannte.

Schmeling wurde vor dem Kampf interviewt und äußerte

sich wie folgt zu dem bevorstehenden Duell der Bits und Bytes: »Ich habe Ali in Deutschland beobachtet, als er gegen Karl Mildenberger boxte. Ali muß noch eine ganze Menge lernen. Er steht sehr offen vor seinem Gegner und ist somit leicht zu treffen. Ich war ein Konterboxer und hatte eine harte rechte Schlaghand. Wenn er sich so vor mich hinstellt, wie er sich vor Mildenberger hingestellt hatte, würde ich ihn k.o. schlagen. Ich glaube, ich habe eine sehr gute Chance.«

Alis Namensänderung wurde von den meisten Journalisten einfach ignoriert. Kaum jemand nannte ihn »Ali«, alle blieben bei Clay. Eine Ausnahme bildete Schmeling, der auf die Frage, was er von »Clay« halte, immer mit »Ali« antwortete.

»Ich traf Max Schmeling Ende der sechziger Jahre im Restaurant von Jack Dempsey in New York City. Schmeling war ein sehr guter Boxer. Vor allem seine Härte im Ring blieb mir in Erinnerung. Aber was mich am meisten beeindruckte, war, daß er mich sehr respektvoll behandelte. Denn zu jener Zeit, nach meiner Namens- und Glaubensänderung, machte dies längst nicht jeder«, so Ali später über Schmeling.

Der Computer setzte diesen Kampf als einen der faszinierendsten und wirklichkeitsgetreuesten Kämpfe des Turniers um. Es war, wie man es hatte erwarten können: Schmeling wartete auf seine Chance und benutzte seine gefürchtete rechte Hand, während Clay sich auf schnellen Beinen bewegte und seinen Kampfstil »dance like a butterfly, sting like a bee« (»tanze wie ein Schmetterling, stich wie eine Biene«) grandios umsetzte. Der Kommentator hatte wegen des schnell geführten Kampfes einiges zu tun: »Clay tanzt Kreise um Schmeling, gewann auf seinen schnellen Beinen mindestens vier der ersten sechs Runden.« Aber in der siebten Runde wurde es hart für »den Größten«. »Clay punktet wieder mit seiner Führhand, trifft und trifft. Schmeling versucht mit seiner Führhand durchzukommen, muß aber die Rechte von Ali an sein Kinn hinnehmen. Schmeling versucht wiederum mit seinen Schlägen durchzukommen. Da – seine Rechte landet an Clays Kinn, und

Clay geht zu Boden. Oh, was für eine Überraschung – ein Volltreffer, und Clay muß zu Boden. Der Ringrichter zählt ... Vier – fünf – sechs – sieben – Clay ist jetzt schon wieder auf einem Knie – acht – er steht wieder, Clay ist oben, Clay ist o.k. Er schaut in seine Ecke, wo Trainer Angelo Dundee ihm Anweisungen zuschreit. Ringrichter Ruby Goldstein säubert die Handschuhe des Gefallenen, wischt sie über sein Hemd. Sofort greift Schmeling wieder an und setzt nach. Aber Clay kämpft mit, schlägt zurück. Nun hat Schmeling ihn am Ringseil gestellt und arbeitet zu Kopf, Körper und wieder zum Kopf. Doch Clay blockt alles mit seinen Händen und Armen ab, pendelt die Schläge aus und kann sich nun befreien. Clay beweist hier einmal mehr, in welch herausragender konditioneller Verfassung er sich befindet. Da kommt der Gong.«

Der Rest des Kampfes ging dann eindeutig an Muhammad Ali. Er erarbeitete sich einen komfortablen Punktevorsprung. Von den fünfzehn Runden gingen zehn an Ali, zwei an Max, und drei wurden mit Unentschieden gewertet.

Schmeling soll seine »Niederlage« übrigens schmunzelnd hingenommen haben.

So ganz glaubten letztlich auch die Erfinder des Turniers nicht mehr an die Glaubwürdigkeit des Computers. Es gab einige Entscheidungen, die mehr als nur Stirnrunzeln verursachten. Ali schied nämlich bereits in der kommenden Runde gegen Jim Jeffries aus. Jeffries war ein überaus langsamer Boxer, ohne die glanzvollen Fähigkeiten Muhammad Alis. Hätten sich beide in einem echten Kampf gegenübergestanden – außer Jeffries selbst und seinen Trainern hätte niemand allen Ernstes etwas anderes als einen Sieg von Ali erwartet.

Sieger des Tournaments und »Weltmeister aller Klassen und Zeiten« wurde Rocky Marciano, der in seiner Karriere einen Rekord für die Ewigkeit aufstellte. Von 49 Kämpfen als Profi gewann Marciano alle, davon 43 durch K.o. Er war Weltmeister im Schwergewicht von 1952 bis 1956 und trat als einziger Champion ungeschlagen ab.

Somit konnte auch dieses Computer-Turnier – so interessant die Idee auch war – keine neuen Erkenntnisse bringen.

Es blieb alles wie gehabt – es blieb alles eine Glaubensfrage. Aber der Computer hat in den letzten Jahren bei der Bewertung der Boxer wieder eine wichtige Bedeutung bekommen. Durch die Inflation der Weltverbände, die allesamt ihre eigenen Weltmeister küren, kam der Einstufung der Boxer in den einzelnen Gewichtsklassen eine immer wichtigere Bedeutung zu. Nur – die Ranglistenkommissionen konnten diesem Anspruch sehr selten gerecht werden. Da verbessern sich Boxer stetig in den Ranglistennotierungen – ohne daß sie selbst geboxt hätten oder die vor ihnen plazierten Kollegen verloren hätten. Einzig der Manager war in der Zwischenzeit wohl aktiv. Boxpate Don King läßt grüßen.

Außerdem haben die Ranglisten der einzelnen Weltverbände einen entscheidenden Haken: Sie listen aus Konkurrenzgründen nie den Namen des Weltmeisters der anderen Verbände auf und sind somit eher Herausforderungslisten. Schließlich darf jeder, der in den Top ten steht, das Herausforderungsrecht gegen den Weltmeister in Anspruch nehmen.

Ein Boxjournalist aus England erstellte eine »unabhängige« Rangliste, nach der Boxer ähnlich wie im Tennis für Siege eine bestimmte Zahl an Punkten bekommen. Kritiker bemängeln, daß knappe Punktniederlagen genauso bewertet würden wie kurzrundige K.-o.-Debakel. Die Verfasser verweisen dann jedoch auf die Objektivität des Computers, der weder Blankoschecks akzeptiere noch mit Frauen oder Geschenken bestochen werden könne. Eine Praxis, die im Weltboxen wohl noch immer an der Tagesordnung ist.

In einer Welt, in der sich so vieles ändert und der Fortschritt in beinahe allen Teilen des täglichen Lebens greift – warum sollten da nicht auch die modernen Boxer schneller, stärker und mutiger – also besser – als ihre Vorgänger sein?

Schließlich gibt es heute High-Tech-Trainingsgeräte und leistungsfördernde Ernährung und Diätpläne.

Jack Dempsey, der legendäre Weltmeister im Schwergewicht der zwanziger Jahre, sagte: »Der Kampfsport ist der härteste Sport der Welt. Als junger Mann wurde ich oft zu Boden geschlagen. Ich wollte am Boden bleiben, nicht weitermachen. Aber ich konnte nicht. Ich mußte die Siegprämie von ein paar Dollar bekommen, oder ich konnte mir nichts zu essen kaufen. Ich mußte wieder aufstehen. Man hätte mir für fünf Dollar mit einem Vorschlaghammer aufs Kinn schlagen dürfen. Wer schon mal zwei Tage nichts zu essen gehabt hat, versteht warum. In einem meiner ersten Kämpfe wurde ich elfmal zu Boden geschlagen, ehe ich selbst den entscheidenden Treffer setzen konnte.« Am 14. September 1923 – in einem der wildesten und am verbissensten geführten Kämpfe – wurde Dempsey vom Argentinier Luis Angel Firpo, der sich »der wilde Stier aus der Pampa« nannte, sogar aus dem Ring geprügelt, ehe er ihn seinerseits neunmal zu Boden schlug und nach 57 Sekunden in der zweiten Runde gewann.

»Ich hätte ihn auch überzeugender besiegen können«, erklärte Dempsey dem Journalisten Ned Brown, »aber ich hatte ja Handschuhe an, und es gibt so viele Regeln und den Ringrichter, der aufpaßt. Es war kein richtiger Kampf.«

Daß Dempsey, der im Vergleich zu den heutigen Schwergewichtlern nicht sonderlich muskulös war, dennoch enorme Kraft besaß, ist in den Geschichtsbüchern festgehalten. So brach Dempsey als 24jähriger Boxer dem beinahe zwei Meter großen Jess Willard das Jochbein siebenmal – mit nur einem linken Haken. Dempsey schlug seinen Widersacher allein in der ersten Runde siebenmal zu Boden.

Zwei Jahre vor seinem Tod wurde Dempsey als 86jähriger Mann in Manhattan auf der Straße von zwei jugendlichen Kriminellen überfallen. Zeitungsberichten zufolge trieb Dempsey die beiden mit ein paar gezielten Schlägen in die Flucht.

Im Jahre 1960 beschloß Cassius Clay, gegen die schnellste Frau der Welt, Wilma Rudolph, in einem Wettrennen anzutreten.

»Niemals konnte ich mir vorstellen, daß mich eine Frau in sportlichen Dingen schlagen könnte. Anfangs lag ich auch ganz gut im Rennen«, erinnerte sich Muhammad Ali später, »aber dann begann Wilma zu spurten, und ich kam erst viel später ins Ziel.«

Kritiker der Altmeister argumentieren oft mit der Verbesserung der Zeiten, Weiten und Rekorde in anderen Sportarten. Aber für das Boxen muß eine andere Elle angelegt werden. Denn erstens reden wir nicht von Athleten allgemein, sondern von Boxern, also Kämpfern, deren Leistung und Verbesserungen nicht mit Maßband oder Stoppuhr gemessen werden.

Das Talent eines Boxers kann sehr unterschiedlich interpretiert und viel kontroverser diskutiert werden.

Da es im Boxern – mehr als in anderen Sportarten – zu viele Unbekannte zu berücksichtigen gilt, ist die Leistungsfähigkeit kaum statistisch zu erfassen. Nur bei Boxern kommt man auf die Idee, vor Kämpfen sogar die Maße der Knöchel und der Oberschenkel zu vergleichen. Was sagt das über die Stärke eines Boxers aus? Wer käme auf die Idee, zwei Tennisspieler vor einem Turnier zu vermesen?

Wenn schon die Qualität nicht wirklich vergleichbar ist, so doch zumindest die Quantität. Klar ist: je mehr Boxer, desto mehr Wettbewerb.

1983 gab es zirka 16 000 Profiboxer und 15 Gewichtsklassen. Somit stritten sich rein rechnerisch immer rund 1060 Männer um die einzelnen Weltmeistertitel in den unterschiedlichen Gewichtsklassen. (Auch wenn nicht jede Klasse mit gleich vielen Personen besetzt war.)

Geht man weiterhin von den drei Weltverbänden zu der Zeit aus (WBA: World Boxing Association; WBC: World Boxing Council; IBF: International Boxing Federation), dann waren insgesamt 45 Weltmeister möglich, was wiederum einem Weltmeister je 350 Aktiven entspricht.

Addiert man nun noch die WBO (World Boxing Organization) dazu, die einige Jahre später gegründet wurde, und die mittlerweile neu entstandenen zwei Gewichtsklassen, gibt es mittlerweile 68 Weltmeister, also je einen auf 235 Aktive.

Zum Vergleich: Zu Schmelings Zeiten gab es nur acht Gewichtsklassen und nur einen Weltmeister je Klasse. Hierbei

fiel also ein Champion auf 2000 Boxer – mehr als achteinhalbmal soviel. Das verdeutlicht auch die Anzahl der Weltmeisterschaften, die in den Jahren zur Austragung gelangten. 1936 wurden 16 Weltmeisterschafts-Kämpfe gezählt, im Jahre 1995 gab es über 160 Titelkämpfe.

Im Gegensatz zu den kleinen, aber meßbaren Verbesserungen der Zeiten und Weiten in der Leichtathletik und im Gewichtheben kann man im Boxsport nicht behaupten, die heutigen Weltmeister seien stärker oder besser als diejenigen vor der Titelinflation mit vier anerkannten und unzähligen dubiosen Verbänden. In der Leichtathletik profitieren die Athleten bei der Verbesserung der Zeiten um Sekundenbruchteile von der Verbesserung ihrer Ausrüstung: besser geformte und aerodynamischere Schuhe oder Wurfgegenstände, technisch ausgereiftere Meßmethoden. Im Boxen wurde dagegen die Kampfdistanz in Titelkämpfen von fünfzehn Runden zu Schmelings Zeiten auf heute zwölf verkürzt – nicht gerade ein Argument für eine bessere Kondition heutiger Faustkämpfer. Einzig die Boxhandschuhe sind stärker und dicker gepolstert.

Sicher, Henry Maske und Dariusz Michalczewski sind exzellente Boxer. Aber beide mußten sich ihren Weg zum Titel auch nicht so schwer erkämpfen wie die Boxer in den Jahrzehnten von 1920 bis 1960. Sie mußten sich nicht durch die Ranglistenmühle hochboxen und dabei Gefahr laufen zu verlieren. Sie konnten vielmehr dank geschicktem Management ihre eigenen Stärken an ausgewählten Gegnern entwickeln.

Wen verwundert es da, daß es eine ganze Reihe von »Weltmeistern« gibt, die auf dem Weg zum Titel nie auch nur einen Boxer aus den Top twenty, geschweige denn den Top ten geschlagen haben. Einzige Qualifikation für Titelkämpfe sind die watteweichen Aufbauphasen, die diese »Kämpfer« durchlaufen haben.

Vor dem Zeitalter des großen Geldes, z. B. durch die internationalen Fernsehübertragungen, kämpften die besten amerikanischen Boxer für rund 4000 Dollar einen Hauptkampf. Bei nur acht Weltmeistern gab es einen brutalen Wettbewerb, und es galt das Gesetz des Stärkeren. Deshalb hatten die Altmeister auch nicht die wunderbar anzusehenden, aber kaum aussagekräftigen »Zu-Null«-Rekorde als ungeschlagene Faustkämpfer. Damals konnte man Gegner nicht handverlesen nach Siegchancen aussuchen. Um gutes Geld zu verdienen, mußte man gegen die Stärksten antreten. Basta.

Doch die Regel: »To be the best, you had to beat the rest« (Um der Beste zu werden, mußt du den Rest schlagen) hat längst keine Gültigkeit mehr. Das Geschäft hat Vorrang. Jeder Champion hält sich zwar für den Stärksten und spricht über »Vereinigungstitelkämpfe« – aber es kommt beinahe nie dazu. 1995 gab es nur zwei Boxer, die mehr als nur einen WM-Titel hielten – von insgesamt 68 Titelträgern.

Auch heute gibt es herausragende Boxer, Fighter, die vielleicht als Meister ihres Sports in die Geschichte eingehen werden. Aber man weiß nie, ob ein Boxer einen Titel auch wirklich verdient, solange er nicht gegen die vermeintlich Besten antritt und es testet. Sugar Ray Leonard, der amerikanische Superstar, der im Laufe seiner Karriere mehr als 100 Millionen Dollar im Ring verdiente, gehört unbestritten zu den besten Boxern aller Zeiten. Aber er bestritt nur 39 Kämpfe in einer 14 Jahre dauernden Karriere in der Zeit von 1977 bis 1991. Sugar Ray Robinson, sein Vorgänger und Namensgeber, hatte in seinen ersten 14 Profijahren 128 Kämpfe – und war dabei noch ein Jahr inaktiv. Die Champions müssen sich heute kaum noch beweisen. Auch in der Königsklasse Schwergewicht wird das Wort »Risiko« meist kleingeschrieben. Riddick Bowe bekam als Weltmeister aller drei Verbände einen 25-Millionen-Dollar-Vertrag mit dem US-Fernsehgiganten HBO, um danach seinen Kampfrekord mit zweitklassigen Boxern und kurzrundigen Titelverteidigungen anzureichern. Aber kann man den Boxer dafür verurteilen? Warum sollte er auch ein Risiko eingehen, wenn er auch auf leichtere Art so viel Geld verdienen kann? Muhammad Ali verdiente in seiner ganzen

Karriere nur 30 Millionen Dollar, Joe Louis gar nur vier Millionen. Angenommen, die heutigen Schwergewichtler seien wirklich besser. Vergleiche hinken hier, da die Kämpfer auf jeden Fall größer und schwerer geworden sind. Aber wie kann ein alternder George Foreman wieder Champion werden, nachdem er seine Karriere zehn Jahre zuvor bereits beendet hatte?

Wie kann ein anderer über 40jähriger – Larry Holmes – zuerst einen austrainierten und mit modernsten Methoden aufgebauten Evander Holyfield über die Distanz zwingen, obwohl er auch mindestens ein Jahrzehnt über seinen Zenit hinaus war? Und noch 1995 verlor Holmes nur knapp nach Punkten gegen den damaligen WBC-Weltmeiser Oliver McCall.

In Australien war es Trainern möglich, Frauen, die niemals zuvor gerudert hatten, in kürzester Zeit an die Weltspitze zu führen. Dies gelang, weil man die monotonen Ruderbewegungen an einer computergestützten Rudermaschine intensiv trainieren konnte. Aber geht so etwas bei einem Boxer?

»Ringverstand ist eine Kunst, ein Geschenk des Himmels, die ein Boxer in sich haben muß. Es ist eine natürliche Fähigkeit, mit jeder Situation in einem Kampf fertig zu werden. Das kann man nicht lernen«, glaubt Ray Arcel, einer der erfahrensten Trainer der Welt. Verschiedene Football-Spieler in den USA haben in den letzten Jahren den Versuch unternommen, im Profiboxen Fuß zu fassen. Im Grunde genommen erfüllten sie – ohne jemals Handschuhe angehabt zu haben – die meisten Anforderungen, die man als Außenstehender an einen Schwergewichtler stellt. Sie waren groß und kräftig gebaut, wogen meist über 100 Kilogramm und hatten ihren Mut im nicht gerade zimperlichen Football reihenweise unter Beweis gestellt. So auch Mark Gastineau und Ed Jones, die sich nur gegen ausgesuchte »Flaschen« behaupten konnten, die auch gegen achtzig Prozent der Leser dieses Buches k.o. gegangen wären und kaum alleine den Weg zum Ring fanden.

Es gibt hier aber auch Beispiele, die das Gegenteil belegen. Der Amerikaner Steve Hamas, der 1934 sogar Schmeling besiegte, war vor seiner Boxkarriere ein guter Allround-Athlet gewesen, der neben Football auch Basketball und Leichtathletik betrieb. Hat somit vielleicht gar der technische Fortschritt mit der Überschätzung der heutigen Boxer zu tun? Wenn ein Kampf im Fernsehen in Farbe und mit dem technischen Aufwand einer Lasershow und anderen Showelementen übertragen wird, dann spielen die unbewußten Gefühle bei der Beurteilung des Kämpfers eine nicht unerhebliche Rolle. In Zeitlupe kann man jeden Treffer nochmals genau sehen, hört die Begeisterung des Publikums und wird mit beeindruckenden Statistiken überhäuft.

Boxer, die man nur von schwarz-weißen, verzerrten Übertragungen mit schlechter Kameraführung oder gar nur aus Radioübertragungen kennt, sind dabei natürlich schwerer einzuschätzen. Wir werden nie erfahren, wie Max Schmeling, Jack Dempsey oder Joe Louis im Farbfernsehen ausgesehen hätten.

Ganz so schlecht und überholt können die Methoden der alten Trainer nicht gewesen sein, denn der beste Trainer im Boxen ist schon weit in seinen Achtzigern: Eddie Futch (USA) lernte sein Handwerk im selben Ring mit Joe Louis als dessen Sparringspartner in Amateurtagen. Heute trainiert Futch mit Riddick Bowe einen der führenden Schwergewichtler, der von vielen Experten gar als der stärkste eingestuft wird. »Die Strategien gleichen sich. Die Situationen im Ring sind häufig ähnlich, ich kann Taktiken, die Joe Louis oder Max Schmeling früher bei ihren Kämpfen angewandt haben, auch bei heutigen Schwergewichtlern noch erfolgreich einsetzen«, erzählte Futch. Also »gute alte Zeit« auch im Boxen? Wiederum nicht in allen Bereichen. Der Hamburger Dariusz Michalczewski verteidigte seinen Titel im Halbschwergewicht nach der Version der WBO in knapp zwei Jahren immerhin siebenmal, Henry Maske seinen IBF-Titel im selben Limit in drei Jahren zehnmal. Archie Moore trat innerhalb von zehn Jahren nur neunmal zu Titelverteidigungen an.

Es bleibt also wohl doch alles eine Glaubensfrage.

Hans-Joachim Rauschenbach

»Die Zeit läßt sich nicht aufhalten«

Über 50 Jahre ist das nun schon her: Max Schmeling, »der schwarze Ulan vom Rhein« hat meine ersten Gehversuche als Reporter begleitet. Und wenn ich heute an seine Kämpfe denke, erfaßt mich immer noch ein Kribbeln. Das war Leben, das war Atmosphäre, das war vor allem eine Zeit, in der Boxen die Lebenseinstellung der Deutschen wiedergab – ohne den Medienrummel, der diese Sportart heute teilweise zum Zirkus verkommen läßt.

Erstmals live erlebte ich Max so: Am 22. Juni 1938 lief der Rückkampf von Schmeling gegen Joe Louis nachts im Radio. Arno Hellmis, der damals den Kampf live kommentierte, war nur schwer zu hören. Knattern, Rauschen und Knistern begleiteten die Reportage, und irgendwann hörte ich, das Ohr ganz dicht an die Lautsprecher gedrückt, nur noch Hellmis »Aus, aus, aus«. Max war bereits in der ersten Runde k.o. gegangen.

Neun Jahre später habe ich Schmeling das erste Mal live zwischen den Ringseilen erlebt. Am 28. September 1947 boxte er nach sechsjähriger Pause im Frankfurter Waldstadion gegen Werner Vollmer. Ich war damals noch Autor für die Fuldaer Volkszeitung und wie ein Großteil der Deutschen in der Nachkriegszeit ein Boxfan. Über 30 000 Zuschauer pilgerten in das Waldstadion, um den Mann zu sehen, der noch am ehesten etwas Positives in dieser schweren Zeit darstellte. Darunter waren wohl auch an die 20 000 amerikanische GIs. Max Schmeling hatte nach seinem Sieg gegen Joe Louis im Jahre 1936 auch in den Staaten viele Freunde und Fans gefunden. Jetzt war aber alles anders. Max stand wie alle Deutschen vor dem Nichts, er hatte aus dem Krieg eine Knieverletzung mitgebracht und wollte jetzt wissen: »Wo stehe ich, was kann ich noch?«

Max war zumindest besser als Werner Vollmer, ein braver Fighter, der in der siebten Runde k.o. ging. Max – unser aller Maxe – war wieder da. Aber nur für acht Monate.

Am 23. Mai 1948 kämpfte Schmeling vor 20 000 Zuschauern in Hamburg gegen Walter Neusel. Das erste Aufeinandertreffen der beiden großen deutschen Boxer hatte Max in der neunten Runde mit einem K.-o.-Sieg beendet. Vierzehn Jahre später läutete Neusel das Ende einer Riesenkarriere ein.

Neusel fightete wie eh und je, ging ein hohes Tempo. Er boxte besser. Schmeling auf der anderen Seite war mit fast 43 Jahren nicht mehr der alte Stratege, seine Grenzen wurden gnadenlos aufgezeigt. Dieser Kampf machte vor allem eines deutlich und unübersehbar: Man kann ein Pferd an einer Haltestange festbinden, aber die Zeit läßt sich durch nichts aufhalten und macht auch vor Erfolgreichen nicht halt.

Ich habe auch Max Schmelings letzten Kampf am 31. Oktober 1948 in der Berliner Waldbühne gesehen. Max, der Große, inzwischen 43jährig, bezog gegen Richard »Riedel« Vogt seine zehnte Niederlage, und es tat mir in der Seele weh, als ich gemeinsam mit 25 000 Zuschauern mitansehen mußte, wie die glanzvolle 24jährige Laufbahn dieses Mannes beendet wurde. 56 Siege standen am Ende, und doch war es nicht diese Erfolgsbilanz allein, welche Max Schmeling zur deutschen Idolfigur machte. Max Schmeling war ein fairer und weltmännischer Sportsmann, der härter gegen sich selbst als gegen den Gegner war, und er besaß eine unglaubliche Disziplin. Als eine ganze Nation vor dem Nichts stand, mußte dieser Mann, der Boxgeschichte geschrieben hatte, fast als alter Mann ebenfalls wieder bei null beginnen. Er hat nicht gejammert, sondern ist rausgegangen, um den Leuten zu zeigen: Das kann man mit Willen und Ehrgeiz noch leisten.

Die damaligen Menschen, die immer noch in Scharen zu Max strömten, klammerten sich wohl auch aus nostalgischen

Gründen an solche positiven Zeichen durch einen Mann wie Schmeling.

Boxen traf den Zeitgeist, besser: Boxen berührte die Seele einer Nation, die am Boden lag. Athleten wie Max verkörperten den täglichen Existenzkampf. Und jeder, der diesen Existenzkampf auf diesen Bühnen verfolgte, konnte sich selbst entdecken.

Max Schmeling ist eines der größten Talente und einer der unglaublichsten Boxer gewesen. Damit will ich sagen, daß er sich auch heute wieder durchsetzen würde – allerdings wohl eher in der Cruisergewichtsklasse. Denn er verfügte über eine Grundeinstellung, die ihn zum Gütezeichen, zum Aushängeschild dieses Sports gemacht hat: Er beeindruckte durch Stärke, Mut, Einsatz- und ernsten Behauptungswillen sowie durch eiserne Disziplin. Er hat stets seiner eigenen Kraft vertraut und nie auf fremde Wohlfahrt gebaut.

Max hat die Maßstäbe und Normen gesetzt, die einer erreichen muß, der Champion werden will – im Sport wie im Leben. Deshalb gehört er für mich zu jenen drei Arten von Menschen, aus denen Vorbilder erwachsen: zu den innerlich Starken, zu den Aufrichtigen und zu jenen, die immer bereit sind dazuzulernen.

Tobias Drews

Kampfrekord Max Schmelings

Geboren 28. September 1905
Deutscher Vizemeister der Amateure im Halbschwergewicht
Chemnitz 1924

1924

Düsseldorf	**2. 08.**	**Johann Czapp (Düsseldorf)**	**gewonnen t.k.o. 6 Rd.**

Czapp war ein Mittelgewichtler und bekam für den Kampf 120 Mark, während sich Schmeling mit 80 Mark begnügen mußte. »Der Bursche wußte damals schon, was er in den Fäusten hatte. Genau im richtigen Moment langte er mit der Rechten hin. Einmal. Dann war alles vorbei«, erinnerte sich Czapp an das Duell mit dem Novizen. Der Düsseldorfer hörte danach mit dem Boxen auf, wurde Polizist.

Köln	**19. 9.**	**Willi van der Vyver (Belgien)**	**gewonnen K.o. 3 Rd.**
Bochum	**20. 9.**	**Fred Louis (Duisburg)**	**gewonnen K.o. 1 Rd.**

Schon ein Omen für den weiteren Verlauf der Karriere? Ein Kämpfer gleichen Namens sollte zwölf Jahre später eine bedeutende Rolle für Schmeling spielen.

Köln	**4. 10.**	**Rocky Knight (USA)**	**gewonnen Punkte 8 Rd.**
Berlin	**10. 10.**	**Max Diekmann (Berlin)**	**verloren t.k.o. 4 Rd.**

Der Kampf wurde im vierten Durchgang abgebrochen, da Schmelings Ohr nach einigen Treffern zu stark blutete und von den Sekundanten diese Blutung nicht gestillt werden konnte. Schmelings Börse für diesen Kampf betrug 180 Mark.

Köln	**31. 10.**	**Fred Hammer (Godesberg)**	**gewonnen K.o. 5 Rd.**
Köln	**4. 12.**	**Hans Breuer (Aachen)**	**gewonnen K.o. 2 Rd.**
Düsseldorf	**7. 12.**	**Battling Mathar (Frankreich)**	**gewonnen K.o. 3 Rd.**
Berlin	**17. 12.**	**Helmuth Hartig (Potsdam)**	**gewonnen K.o. 1 Rd.**
Köln	**26. 12.**	**Jimmy Lyggett (USA)**	**gewonnen Disq. 2 Rd.**

Der farbige Boxer galt als ausgezeichneter Techniker. Mit dem Sohn, Jimmy Lyggett junior, ebenfalls Boxer, verband Schmeling später eine Freundschaft. Beide flogen 1952 gemeinsam nach Indonesien.

1925

Berlin	**14. 1.**	**Joe Mehling (Würzburg)**	**gewonnen Punkte 6 Rd.**
Köln	**18. 1.**	**Jan Clouts (Belgien)**	**gewonnen K.o. 2 Rd.**
Köln	**1. 3.**	**Leon Randell (Belgien)**	**gewonnen K.o. 4 Rd.**
Köln	**5. 3.**	**Alf Baker (USA)**	**gewonnen Punkte 8 Rd.**
Berlin	**3. 4.**	**Jimmy Lyggett (USA)**	**unentschieden 8 Rd.**

Trotz seines Sieges im ersten Kampf erreichte Schmeling gegen den ihm ja nun bekannten Boxer nur ein mühsames Unentschieden. Die Zeitungen nahmen übrigens noch keine besondere Notiz von dem jungen Boxer, schrieben gar seinen Namen immer wieder falsch: Schmehling statt Schmeling.

Bonn	**23. 4.**	**Fred Hammer (Godesberg)**	**gewonnen Punkte 8 Rd.**
Köln	**9. 5.**	**Jack Taylor (USA)**	**verloren Punkte 10 Rd.**
Brüssel	**14. 6.**	**Leon Randell (Belgien)**	**unentschieden 10 Rd.**
Köln	**1. 9.**	**Larry Gaines (Kanada)**	**verloren t.k.o. 2 Rd.**

Der in Toronto geborene und vier Jahre ältere Boxer kam mit der Empfehlung nach Köln, elf seiner neunzehn Siege vorzeitig erzielt zu haben. Gleichzeitig war er aber auch in sieben Niederlagen bereits fünfmal k.o. gegangen, so daß Schmeling mit seiner Schlaghärte durchaus eine gute Siegchance zu haben schien. Der Kanadier warf Schmeling in dessen Entwicklung zurück.

Köln	**8. 11.**	**René Gompero (Frankreich)**	**gewonnen Punkte 8 Rd.**

1926

Berlin	**12. 2.**	**Max Diekmann (Berlin)**	**unentschieden 8 Rd.**
Köln	**19. 3.**	**Willy Louis (Duisburg)**	**gewonnen K.o. 1 Rd.**
Berlin	**13. 7.**	**August Vongehr (Berlin)**	**gewonnen t.k.o. 1 Rd.**
Berlin	**24. 8.**	**Max Diekmann**	**gewonnen K.o. 1 Rd.**

Deutsche Meisterschaft im Halbschwergewicht
Nach einer Niederlage und einem Unentschieden gegen Diekmann schaffte Schmeling im dritten Anlauf nun einen Sieg, für den er 1500 Mark als Börse bekam. Viertausend Besucher im Berliner Lunapark kamen nicht auf ihre Kosten, denn bereits nach dreißig Sekunden war alles vorüber. Das Fachblatt »Boxsport« schrieb daraufhin: »Nur drei Monate Training in Lanke, nur einige wenige Umstellungen und gesunde Lebensverhältnisse in jeder Beziehung und schon eine hundertprozentige Verbesserung. Der von ihm schwer geschlagene Diekmann unterlag einem Größeren, einem Großen. Der deutsche Boxsport hat einen neuen Meister und einen neuen Mann, auf den er wieder bauen kann.«

Berlin	**1. 10.**	**Hermann van't Hoff (Holland)**	**gewonnen Disq. 8 Rd.**

Der Holländer, ehemaliger Europameister, wurde disqualifiziert, aber Schmeling führte zu diesem Zeitpunkt bereits uneinholbar nach Punkten. Nur ein Jahr später scheiterte van't Hoff nach fünfzehn Runden nach Punkten an Fernand Delarge, den Schmeling im Kampf um die Europakrone im Halbschwergewicht im kommenden Jahr besiegte.

1927

Berlin	**7. 1.**	**Jack Stanley (England)**	**gewonnen K.o. 8 Rd.**
Breslau	**23. 1.**	**Lode Wilms (Belgien)**	**gewonnen t.k.o. 8 Rd.**
Dresden	**4. 2.**	**Joe Mehling (Würzburg)**	**gewonnen t.k.o. 3 Rd.**
Dortmund	**12. 3.**	**Léon Sebilla (Frankreich)**	**gewonnen K.o. 2 Rd.**
Berlin	**8. 4.**	**Francis Charles (Frankreich)**	**gewonnen K.o. 8 Rd.**
Hamburg	**26. 4.**	**Stanley Glen (England)**	**gewonnen K.o. 1 Rd.**
Frankfurt/ Main	**8. 5.**	**Robert Larsen (Dänemark)**	**gewonnen Punkte 10 Rd.**
Hamburg	**17. 5.**	**Raymond Paillaux (Frankreich)**	**gewonnen K.o. 3 Rd.**
Dortmund	**19. 6.**	**Fernand Delarge (Belgien)**	**gewonnen t.k.o. 14 Rd.**

Europameisterschaft im Halbschwergewicht
Der Belgier war zwar zwei Jahre älter als Schmeling, doch der Deutsche hatte die um drei Kämpfe größere Erfahrung. Delarge (78,3 kg) war als Amateur belgischer Meister und Europameister im Mittelgewicht sowie Olympiateilnehmer 1924 gewesen, ging mit 21 Siegen in 30 Kämpfen und als amtierender Meister in den Kampf. Schmeling (77,7 kg) zog von Beginn an energisch los und führte nach zwei Runden. Die dritte verlief ausgeglichen, die vierte bis siebte Runde gehörte wiederum Schmeling, der so deutlich führte, daß der Belgier alles auf eine Karte setzte und dennoch vorzeitig verlor. »Deutschlands größter Boxerfolg«, lautete die Schlagzeile in den Zeitungen. Dieser Kampf wurde aus der Westfalenhalle im Rundfunk gesendet und war der erste Boxkampf, der in Deutschland übertragen wurde.

Hamburg	**31. 7.**	**Jack Taylor (USA)**	**gewonnen Punkte 10 Rd.**
Essen	**7. 8.**	**Willem Westbrook (Holland)**	**gewonnen K.o. 1 Rd.**
Berlin	**2. 9.**	**Robert Larsen (Dänemark)**	**gewonnen t.k.o. 4 Rd.**
Dortmund	**2. 10.**	**Louis Clement (Schweiz)**	**gewonnen t.k.o. 6 Rd.**

Der 1897 in Nancy geborene Schweizer ist der älteste Boxer, der im Profiring mit Schmeling die Fäuste kreuzte. Er hatte acht seiner 21 Siege vorzeitig erzielt und nur einmal vorzeitig verloren.

Leipzig	**6. 11.**	**Hein Domgörgen (Köln)**	**gewonnen K.o. 7 Rd.**

Deutsche Meisterschaft im Halbschwergewicht
Domgörgen war von Hause aus Mittelgewichtler, während Schmeling schon Probleme hatte, das Limit des Halbschwergewichts zu bringen. Der Boxkünstler Domgörgen war in Reichweite, Gewicht und Schlagkraft benachteiligt und fing sich, nach Punkten führend, in der siebten Runde die entscheidenden Treffer durch Schmelings harte Rechte. Es war Domgörgens erste vorzeitige Niederlage im 82. Kampf (75 Siege, 41 K.o.). Er wurde danach noch Deutscher und Europameister im Mittelgewicht und bestritt insgesamt 145 Kämpfe. Domgörgen starb 1972 als 74jähriger in seiner Geburtsstadt Köln.

Berlin	**2. 12.**	**Gipsy Daniels (England)**	**gewonnen Punkte 10 Rd.**

Daniels wurde 1902 in Newport (Wales) geboren, hatte 60 Siege (20 K.o.), bei 18 Niederlagen und acht Unentschieden.
Schmelings linkes Auge schwoll im Kampfverlauf immer mehr zu, der Engländer machte dem frischgebackenen Europa- und Deutschen Meister das Leben schwer. In der zweiten und achten Runde landete Max schwere Wirkungstreffer, aber Ringfuchs Daniels überstand die schweren Sekunden. »Wenig überzeugend« titelte tags darauf eine Berliner Zeitung über Schmelings Leistung.

1928

Berlin	**6. 1.**	**Michele Bonaglia (Italien)**	**gewonnen K.o. 1 Rd.**

Europameisterschaft im Halbschwergewicht
Bonaglia galt als starker und beherzter Boxer mit einem reichen Erfahrungsschatz. Doch er ließ in der ersten Runde schon sein Kinn ungedeckt, und Schmeling schoß die Rechte ab – da war der Kampf im Berliner Sportpalast zu Ende. Es war Schmelings letzte Titelverteidigung des EM-Titels.

Frankfurt/ Main	**25. 2.**	**Gipsy Daniels (England)**	**verloren K.o. 1 Rd.**

Auf die Glückssträhne folgte die Ernüchterung. Hatte Schmeling den Engländer im ersten Aufeinandertreffen noch besiegt, so wurde er nun in der Festhalle vor 7.000 Zuschauern bereits in der ersten Runde »kalt erwischt«.

Daniels hatte – mit dem Rücken am Ringseil und im Schlaghagel von Schmeling – aus einem unmöglichen Winkel heraus eine rechte Gerade abgefeuert, die Schmeling völlig überraschend und voll traf. Schmeling wurde zum ersten Male in seiner Karriere am Boden ausgezählt.

Dortmund 10. 3. Ted Moore (England) gewonnen Punkte 10 Rd.

Vor dem Kampf gegen Daniels hatte Schmeling, in großer Zuversicht, bereits den Kampfvertrag für Moore unterzeichnet, der nur zwölf Tage später in der Westfalenhalle stattfinden sollte. Schmeling wollte nicht absagen, stellte sich dem Engländer, der gerade eine erfolgreiche Amerikareise hinter sich gebracht hatte und zeitweise gar in der Weltrangliste auf Rang drei rangierte. Schmeling bewies, daß er den überraschenden K.o. mental verarbeitet hatte, und boxte vorsichtig, aber bestimmt einen klaren Punktsieg heraus.

Berlin 4. 4. Franz Diener (Berlin) gewonnen Punkte 15 Rd.

Deutsche Meisterschaft im Schwergewicht
Schmeling konnte das Halbschwergewicht nicht länger bringen, wechselte daher ins Schwergewicht, um sich dort gleich dem Berliner Meister Diener zu stellen. Dieser hatte zehn vorzeitige Erfolge in seinen 18 Siegen und nur fünfmal verloren. Die Börse betrug 50 000 Mark. Diener war der robustere Mann, wog 175 Pfund, denen Schmeling nur 164 Pfund entgegenzusetzen hatte. Diener griff während der fünfzehn Runden fast pausenlos an. Seine urwüchsige Schlagkraft konnte die gute Deckung Schmelings jedoch nicht durchbrechen. Schmeling war nicht nur auf eine K.-o.-Chance aus, sondern besaß so viel Können und Technik, um einen solchen Kampf auch nach Punkten bestehen zu können. Mit dem Sieg war Schmeling dreifacher Titelträger, eine bis dahin noch nie dagewesene Sammlung im deutschen Boxen. »Wenn ich heute zurückdenke, so muß ich zugeben, der Kampf gegen Franz Diener gehört zu den schwersten meiner Laufbahn«, erklärte Schmeling in seinen Erinnerungen.
Im November gab Schmeling seinen Meistertitel kampflos zurück, um sich auf seine internationale Karriere konzentrieren zu können.

New York 24. 11. Joe Monte (USA) gewonnen K.o. 8 Rd.

Der erste Amerika-Auftritt brachte Schmeling nur die eher kärgliche Börse von 1.000 Dollar. Mit Fieber und daher geschwächt kletterte Schmeling in den Ring, schlug auf wackeligen Beinen sein Gegenüber aber in der achten Runde schwer k.o. Es war wichtig, beim ersten Kampf im Boxland einen guten Eindruck zu hinterlassen.

1929

New York **4. 1.** **Joe Seykra** (**USA**) **gewonnen Punkte 10 Rd.**

Seykra war ebenfalls vormals ein Halbschwergewichtler gewesen, daher war es ein vergleichsweise schneller Kampf, den Schmeling sicher und verdient nach Punkten siegreich gestalten konnte. Seykra hatte bis dato 45 Siege (22 durch K.o.) und nur eine Niederlage.

New York **22. 1.** **Pietro Corri** (**USA**) **gewonnen K.o. 1 Rd.**

Knapp eine Minute dauerte der Auftritt gegen den aus Italien stammenden Corri, ehe auch hier die schwere Rechte von Schmeling ihre Arbeit tat.

New York **1. 2.** **Johnny Risco** (**USA**) **gewonnen t.k.o. 9 Rd.**

Im Madison Square Garden wurden 20 000 Zuschauer Zeuge des Kampfes des »Schwarzen Ulanen vom Rhein« gegen den »Bäckerjungen aus Cleveland«, der einen hervorragenden Kampfrekord hatte. Der Österreicher, der nach Amerika ausgewandert war, hatte in seinen 35 Siegen so exzellente Leute wie Jack Sharkey, Gene Tunney, Max Baer und Paolino Uzcudun geschlagen und keinen seiner 77 Kämpfe vorzeitig verloren (dafür aber 22mal ohne Entscheidung geboxt). Risco mußte gegen Schmeling in der ersten, siebten und achten Runde zu Boden, ehe er mit glasigen und gebrochenen Augen in der neunten Runde den Kampf völlig konsterniert aufgab. Risco war seit dieser Niederlage nie wieder derselbe und erreichte nie seine frühere Form. Nat Fleischer von der Boxbibel »The Ring« zeigte sich von Schmeling begeistert: »Trotz der harten Schläge Riscos zuckte Schmeling mit keiner Wimper. Er ist couragiert, er hat das richtige Timing, kann hart austeilen und vieles einstecken. Mit anderen Worten, er hat alles, was ein großartiger Boxer braucht. Ihn wird man im Auge behalten müssen, er wird ein Champion werden.«

New York **27. 6.** **Paolino Uzcudun** (**Spanien**) **gewonnen Punkte 15 Rd.**

Wieder ein harter Brocken: »Der Baske mit dem Eisenschädel« ging als 9:5-Favorit in den Kampf, gewann auf den Punktzetteln jedoch nur zwei Runden. Schmeling erboxte sich einen deutlichen Punktsieg im ersten Treffen mit dem Spanier, den er noch zwei weitere Male vor die Fäuste bekommen sollte. Uzcudun hatte hier einen Rekord von 40 Siegen (20 K.o.), fünf Niederlagen und zwei Unentschieden.

1930

New York	**12. 6.**	**Jack Sharkey (USA)**	**gewonnen Disq. 4 Rd.**

Weltmeisterschaft im Schwergewicht
Sharkey wurde am 26. Oktober 1902 geboren und hatte bis zum Aufeinandertreffen mit Schmeling 34 Siege (13 K.o.) bei sieben Niederlagen und einem Unentschieden.
Schmelings erster Anlauf auf die Weltmeisterschaft im Schwergewicht fand im Yankee-Stadion zu New York statt. Der Kampf war auf 15 Runden angesetzt, die offizielle Zuschauerzahl belief sich auf 79 222. Veranstalter war die Madison Square Gardens Inc., die beiden Kämpfern 25 Prozent der Einnahmen als Börse auszahlte. Für beide blieben so je 177 971 Dollar übrig.

1931

Cleveland	**3. 7.**	**Young Stribling (USA)**	**gewonnen t.k.o. 15 Rd.**

Weltmeisterschaft im Schwergewicht
Stribling stammte aus Georgia, wo er am 26. Dezember 1904 geboren wurde. Er ging mit 224 Siegen (115 durch K.o.) und nur neun Niederlagen in den Kampf. Er hatte keinen seiner Kämpfe vorzeitig verloren.

Im Municipal Stadion in Cleveland, Ohio, trafen die beiden aufeinander. 37 396 Zuschauer sahen mit an, wie Schmeling in der letzten Runde noch vorzeitig gewann und 106 138,36 Dollar als Einnahme verbuchen konnte. Stribling erhielt 33 168,24 Dollar.

1932

New York 21. 6. Jack Sharkey (USA) verloren Punkte 15 Rd.

Weltmeisterschaft im Schwergewicht
Wiederum auf fünfzehn Runden angesetzt veranstaltete die Madison Square Garden Inc. um Mike Jacobs den Rückkampf der beiden Kontrahenten in der Madison Square Garden Bowl in Long Island City (New York). Diesmal kamen 61 863 Zuschauer, die eine Nettoeinnahme von 361 000 Dollar brachten. Hinzu kamen Radio- und Filmrechte, die nochmals 45 000 Dollar einspielten. Schmeling erhielt 42,5 Prozent der Einnahmen (172 000 Dollar), während Sharkey nur zehn Prozent (40 600 Dollar) erhielt.

New York 26. 9. Mickey Walker (USA) gewonnen t.k.o. 8 Rd.

»Die Wildkatze aus Nebraska«, Mickey Walker, wurde am 13. Juli 1901 in New Jersey geboren und hatte sich 81mal siegreich im Ring behaupten können (53 K.o.) und nur elfmal verloren. Doch gegen Schmeling hatte er keine Chance. Schmeling boxte ungewohnt offensiv und schlug Walker gleich in der ersten Runde zu Boden. Walker erzählte später, er habe ab der ersten Runde unablässig »drei Schmelings« vor sich gesehen.

1933

New York 8. 6. Max Baer (USA) verloren K.o. 10 Rd.

Max Baer, der sich »Madcap Maxie« nannte, wurde am 11. Februar 1909 geboren und stieg gegen Schmeling mit der Empfehlung von 38 Siegen mit 28 K.-o.-Erfolgen bei nur sieben Niederlagen in den Ring. 65 000 Zuschauer kamen zu der vom Ex-Weltmeister veranstalteten Boxgala, bei der Schmeling vom Ringrichter Artur Donovan in der zehnten Runde, als er stehend k.o. war, aus dem Kampf genommen wurde. Die tropische Hitze mag ihren Teil dazu beigetragen haben, daß Schmeling ausgelaugt wirkte. Baer schlug im nächsten Kampf den Weltmeister Primo Carnera (Italien) in der elften Runde k.o. und wurde Weltmeister.

1934

Phila-delphia	**13. 2.**	**Steve Hamas (USA)**	**verloren Punkte 12 Rd.**

Hamas war der Kapitän der Universitätsmannschaft im Football in Pennsylvania und stand in der Weltrangliste auf dem zehnten Rang. Der Amerikaner, 1909 geboren, mit einer Kampfbilanz von 33 Siegen mit 26 K.o. bei nur zwei Niederlagen, griff pausenlos an. Schmelings Augenbraue platzte bereits in der ersten Runde auf und behinderte ihn während des gesamten Kampfes. 20 000 Zuschauer feierten den Punktsieg des Amerikaners begeistert. In Deutschland höhnten die Schmeling-kritischen Zeitungen: »Schmeling – da ha' mas!«

Barcelona	**13. 5.**	**Paolino Uzcudun (Spanien)**	**unentschieden 12 Rd.**
Hamburg	**26. 8.**	**Walter Neusel (Bochum)**	**gewonnen t.k.o. 9 Rd.**

Der »blonde Tiger« Neusel wurde am 25. November 1907 in Bochum geboren und gewann als Amateur die deutsche Schwergewichtsmeisterschaft. Er wurde 1930 Profi und hatte bis dato eine Bilanz von 41 Siegen (22 durch K.o.) bei zwei Niederlagen und vier Unentschieden.
Neusel rangierte auf Rang drei der Weltrangliste, hatte King Levinsky und Tommy Loughran besiegt. Walter Rothenburg veranstaltete diesen die Massen elektrisierenden Kampf, der über 100 000 Zuschauer anlockte. In der Pause zur neunten Runde zogen die Betreuer Neusels ihrem Schützling die Handschuhe aus. »Er war derart zerschlagen, daß er den Kampf nicht weiter fortsetzen konnte. Die schweren Treffer in der achten Runde hatten seine Widerstandskraft erschöpft«, analysierte das Hamburger Fremdenblatt.

1935

Hamburg	**10. 3.**	**Steve Hamas (USA)**	**gewonnen t.k.o. 9 Rd.**

Hamburg war im Boxfieber: Die Zeitungen berichteten über die Anreise vieler Schmeling-Fans aus der ganzen Republik, die schon morgens um 6.30 Uhr eintrafen, um sich noch Karten für den Kampf sichern zu können. 16 Sonderzüge wurden auf der Strecke nach Hamburg eingesetzt. 25 000 Zuschauer wollten den Rückkampf der beiden Boxer sehen. Kann Schmeling sich noch einmal fangen, an die erfolgreichen Zeiten anknüpfen? Er konnte. Hamas, der von 39 Kämpfen 35 gewonnen hatte, davon 27 vorzeitig, erhielt eine Boxlektion, ging in der fünften Runde zweimal zu Boden und wurde vom

Ringrichter Falcony in der neunten Runde aus dem Kampf genommen. Es war der letzte Kampf von Hamas, der nie wieder in einen Ring zurückkehrte. »Schmeling in Weltmeisterform«, jubelten die Zeitungen.

Berlin	**7. 7.**	**Paolino Uzcudun** (**Spanien**)	**gewonnen Punkte 12 Rd.**

Eine klare Sache war der Punktsieg Schmelings im dritten Duell über seinen »außerordentlich widerstandsfähigen und sich tapfer wehrenden Gegner«. 35 000 Zuschauer im Poststadion seien aber dennoch nicht ganz befriedigt nach Hause gegangen. »Und doch gab Schmeling sein Bestes und demonstrierte seine überragende Klasse. Vielleicht hätte der Deutsche etwas aktiver sein können, doch einem Paolino gegenüber (. . .) war Vorsicht am Platze« (Deutsche Allgemeine Zeitung). In der sechsten Runde schlägt Paolino tief, Max Schmeling landet in Runde zehn einen Wirkungstreffer. Als das Publikum begeistert aufspringt und ihn anfeuert, drehen sich die Betreuer des Spaniers um – und lächeln. »Zu genau kennen sie die Bullenhärte ihres Schützlings.«

1936

New York	**19. 6.**	**Joe Louis** (**USA**)	**gewonnen K.o. 12 Rd.**

Wiederum im Yankee-Stadion, wo er vor sechs Jahren den Titel gewonnen hatte, trat Schmeling gegen den aufstrebenden Joe Louis an. 42 088 Zuschauer brachten eine Gesamteinnahme von 547 541 Dollar, und jeder Boxer erhielt 30 Prozent der Nettoeinnahme (125 535 Dollar). Die Radiostationen zahlten 27 500 Dollar für die Übertragung, die Filmrechte wurden vergleichsweise günstig für 25 000 Dollar veräußert, und Veranstalter Mike Jacobs zahlte knapp 42 000 Dollar als Miete für das Stadion.

1937

Schmeling sollte am 3. Juni in New York auf den Weltmeister James Braddock treffen. Doch der überlegte es sich anders, erschien nicht zum Wiegen und zur ärztlichen Untersuchung und boxte statt dessen lieber gegen Joe Louis, der ihn in der achten Runde k.o. schlug.

New York	**15. 12.**	**Harry Thomas** (**USA**)	**gewonnen K.o. 8 Rd.**

Der in Minnesota geborene, 27jährige weiße Amerikaner war von Schmeling als »bärenstark« bezeichnet worden. Am Kampftag verzeichnete er 51 Siege mit 43 K.o. und nur drei Niederlagen. Der K.o. gegen Schmeling war Thomas' erste vorzeitige Niederlage überhaupt. Ein Jahr später verlor er im Kampf um die Weltmeisterschaft auch gegen Louis vorzeitig (K.o. in Runde fünf).

1938

Hamburg	**30. 1.**	**Ben Foord (Südafrika)**	**gewonnen Punkte 12 Rd.**

Der in Vrede (Südafrika) geborene Foord hielt neun Tage nach seinem 25. Geburtstag gegen Schmeling einige Runden gut mit. Zum Zeitpunkt des Kampfes hatte er zwanzig seiner 36 Siege vorzeitig erzielt. Durch das Ergebnis gegen Schmeling erhöhte sich die Zahl von Foords Niederlagen auf elf.

Hamburg	**16. 4.**	**Steve Dudas (USA)**	**gewonnen K.o. 6 Rd.**

Dudas wurde in New York am 2. Juli 1913 geboren, seine Kampfbilanz stand bei 40 Siegen (11 K.o.) und 16 Niederlagen (2 davon vorzeitig).

New York	**22. 6.**	**Joe Louis (USA)**	**verloren K.o. 1 Rd.**

Weltmeisterschaft im Schwergewicht
Joe Louis hatte in der Zwischenzeit elf Kämpfe bestritten und alle gewonnen (neun durch K.o.).
Nochmals Yankee-Stadion, diesmal brachte die Zahl der Zuschauer die Rekordsumme von 1 015 012 Dollar ein. Bewegte Bilder durften für 25 000 Dollar gemacht werden, während auch hier das Radio tiefer in die Tasche greifen mußte: 50 000 Dollar wurden gezahlt. Louis erhielt 349 228 Dollar und Schmeling 175 622 Dollar. Da der Kampf nach 124 Sekunden beendet war, verdiente Schmeling 1416 Dollar pro Kampfsekunde.

1939

Stuttgart	**2. 7.**	**Adolf Heuser (Bonn)**	**gewonnen K.o. 1 Rd.**

Europameisterschaft im Schwergewicht
Heuser wurde am 3. Oktober 1907 in Buschdorf bei Bonn geboren und wurde später als »Rheinische Bulldogge« berühmt. Er war Europameister im Halbschwer- und Schwergewicht, boxte um die reguläre Weltmeisterschaft und gewann den umstrittenen IBU-Titel. Am Kampftag gegen Schmeling stand sein Rekord bei 70 Siegen mit 38 K.-o.-Erfolgen und sieben Niederlagen. Heuser starb 1988 in Bonn. Der Kampf mit Schmeling war schnell zu Ende. Nach nur

100 Sekunden »saß« die Rechte Schmelings, Heuser ging k.o. Eine Sportzeitung, die bereits nach dem Kampf verteilt wurde, hatte in der Eile die Namen der Kampfstätte »Adolf-Hitler-Kampfbahn« mit Heusers Namen verwechselt, und so lautete die Schlagzeile: »Max Schmeling schlägt Adolf Hitler in der Adolf-Heuser-Kampfbahn k.o.«

1940 bis 1947 inaktiv

1947

Frankfurt/ Main	**28. 9.**	**Werner Vollmer (Magdeburg)**	**gewonnen K.o. 7 Rd.**

An seinem 42. Geburtstag kehrte Schmeling in den Ring zurück.

Hamburg	**7. 12.**	**Hans-Joachim Drägestein (Berlin)**	**gewonnen K.o. 10 Rd.**

1948

Hamburg	**29. 5.**	**Walter Neusel (Bochum)**	**verloren Punkte 10 Rd.**

Nach der Niederlage im ersten Kampf hatte Neusel 35 Kämpfe bestritten, die Deutsche Meisterschaft im Schwergewicht gewonnen, aber nicht an erfolgreichere Zeiten anknüpfen können. Sein Kampfrekord beim Wiedersehen mit Schmeling zählte 63 Siege (33 durch K.o.), 12 Niederlagen (5 davon vorzeitig) und sieben Unentschieden. Neusels Sieg brachte seiner Karriere keine Wendung mehr, er nahm noch einen Anlauf auf die Deutsche Meisterschaft, konnte aber nicht gewinnen. Er beendete 1950 seine Karriere.

Kiel	**2. 10.**	**Hans-Joachim Drägestein (Berlin)**	**gewonnen K.o. 8 Rd.**
Berlin	**31. 10.**	**Richard Vogt (Hamburg)**	**verloren Punkte 10 Runden**

Vogt, der am 26. Januar 1913 in Hamburg geboren wurde, war schon als Amateur Extraklasse. Über 200 Kämpfe trug er aus, gewann 1936 die Silbermedaille bei Olympia im Halbschwergewicht. Am Tag des Kampfes gegen Schmeling hatte er 46 Siege aus 56 Kämpfen. Er wurde 1949 und 1950 Deutscher Meister im Halbschwergewicht und beendete 1952 seine Karriere. Der Sieg über Max machte ihn nicht glücklich: »Das hat mir viele Sympathien gekostet, daß ich seine Karriere beendet habe.« Für Schmeling bedeutete die Niederlage das Ende einer großen Karriere. Noch im Ring und vor der

Urteilsverkündung verkündete er seinen Rücktritt vom aktiven Sport. Einige Male arbeitete Schmeling nun noch als Ringricher bei verschiedenen Kämpfen, so beim Kampf von Halbschwergewichts-Legende Archie Moore gegen Hans Kalbfell in Hagen.

Bilanz

70 Kämpfe,
56 Siege (39 K.o.),
4 Unentschieden,
10 Niederlagen (5 K.o.)
geboxte Runden: 475

Schmeling war zwei Jahre und neun Tage Weltmeister aller Klassen.

Die Autoren

Joe Barrow ist der Sohn des früheren Schwergewichtsweltmeisters Joe Louis, dem Schmeling zweimal im Boxring gegenüberstand. Barrow ist der Vorsitzende und Gründer der Louis-Barrow Associates, einer Marketingfirma mit Sitz in Colorado. Seine Erinnerungen wurden von Tobias Drews aufgezeichnet.

Georges Carpentier (geboren 1894) war Europameister vom Weltergewicht bis zum Schwergewicht, gewann im Halbschwergewicht einen WM-Titel, den er von 1920 bis 1922 behielt. Er bestritt 109 Kämpfe, von denen er 88 gewann und 14 verlor. Sein Lehrbuch »Meine Methode des Boxens« diente Max Schmeling als erste Boxgrundlage. Nach seinem Rücktritt vom Ring wirkte der Franzose in verschiedenen Filmen und Tanzaufführungen mit und führte ein Restaurant. Er verstarb am 28. Oktober 1975. Der französische Boxmeister verfaßte Anfang der zwanziger Jahre seinen Leitfaden für den Boxnachwuchs. Es wird an verschiedenen Stellen deutlich, daß Schmeling sich die Ratschläge zu Herzen genommen hat.

Art Donovan (geboren 1925) ist in den Vereinigten Staaten eine große Sportpersönlichkeit. Der 72jährige ist aufgrund seiner Erfolge mit den »Baltimore Colts« Mitglied der »Football Hall of Fame«. Er arbeitet als Kommentator für das amerikanische Fernsehen und hat eine eigene Werbesendung, die »Art Donovan's House« heißt. Er ist der Sohn des Ringrichters Arthur Donovan, der vierzehn Schwergewichts-Weltmeisterschaften in der Zeit von 1933 bis 1946 leitete.

Tobias Drews (geboren 1973) tauschte nach einer Handvoll Boxkämpfe die Handschuhe gegen den Kugelschreiber. Seitdem arbeitet er für verschiedene Tageszeitungen und Magazine als freier Journalist mit dem Schwerpunkt Boxsport.

Harry Grayson war der Autor eines Boxbuches mit dem Titel »Stand up and fight« und ein in den USA anerkannter Tageszeitungs-Journalist.

Jack Hirsch (geboren 1954) aus New York City ist ein weltweit respektierter Box-Journalist. Er arbeitet als Chefkorrespondent für »Boxing News«, das einzige wöchentliche Boxmagazin weltweit, welches in 48 Ländern gelesen wird. Als langjähriges Mitglied der Boxjournalisten-Vereinigung Amerikas arbeitete er in dessen verschiedenen Komitees und verfaßt den monatlichen Newsletter. Hirsch ist der erste amerikanische Journalist, der über eine Boxveranstaltung in der ehemaligen Sowjetunion berichtete und gehört der Fachjury der »International Boxing Hall of Fame« in Canastota an.

Stephen Macht spielte im Spielfilm »Ring of Passion«, der 1978 bei NBC in Amerika lief, die Rolle des Max Schmeling. Seine Erinnerungen wurden von Jack Hirsch aufgezeichnet.

Rinze van der Meer (geboren 1945) wurde vierzig Jahre und einen Tag nach Max Schmeling geboren. Der Diplomingenieur, der im holländischen Arnheim lebt, kam Anfang der sechziger Jahre zum Boxen. »Ich sah ein Interview mit Floyd Patterson im deutschen Fernsehen. Ein solch netter und freundlicher Mann sollte Weltmeister im Boxen sein – das verwunderte mich«, erinnerte sich Rinze. Er sammelte seitdem über 150 Boxbücher und hat cirka 250 alte Kampffilme archiviert. Ab 1970 war er Gast bei unzähligen EM- und WM-Kämpfen in ganz Europa.

Archie Moore (geboren 1913) ist eine lebende Legende des Boxsports. Von 1952 bis 1962 war er Weltmeister im Halbschwergewicht, scheiterte zweimal beim Versuch, auch die Krone im Schwergewicht zu holen. Er bestritt zwei Kämpfe in Deutschland, bei einem fungierte Max Schmeling als Ringrichter. Moore hält den Rekord der meisten K.-o.-Siege in der Laufbahn, erreichte 145 Stück in 234 Kämpfen als Profi. Er lebt in San Diego und arbeitet als Boxtrainer. Seine Erinnerungen wurden von Jack Hirsch aufgezeichnet.

Hans-Joachim Rauschenbach (geboren 1923) ist der dienstälteste deutsche TV-Reporter und seit über 50 Jahren Journalist. Über die Tageszeitung kam Rauschenbach in den fünfziger Jahren zum Hessischen Rundfunk und 1961 zum Fernsehen. Seit dem ersten Sendetag gehört Rauschenbach zum Deutschen-Sport-Fernsehen (DSF).

Gerhard »Gerry« Reimann (geboren 1926) bekam zum zehnten Geburtstag Karten für die Olympischen Spiele geschenkt. Die Boxfinalkämpfe mit Herbert Runge und Willi Kaiser verstärkten nach den Schmeling-Louis-Kämpfen das Boxinteresse. Der Berufswunsch »Sportjournalist« erfüllte sich für Reimann erst 1947 nach der Rückkehr aus der Kriegsgefangenschaft. Reimann erstellte mit Kollegen das »Boxbrevier« der Jahre 1948 und 1949, war Mitherausgeber der Box-Jahrbücher von 1952 bis 1966. Leiter der Sportredaktion des »Tagesspiegels« Berlin von 1952 bis 1991.

Sepp Scherbauer (geboren 1920) wuchs in München auf. Bestritt 13 Amateurkämpfe und ist seit 1950 journalistisch tätig. Der Buchautor (»Die großen Boxsport-Stars«; Copress-Verlag, München) ist ein intimer Kenner der Boxszene und persönlicher Freund von Max Schmeling. Scherbauer hat in seiner Karriere wahrscheinlich bereits mehr über das Boxen vergessen, als andere jemals wissen werden.

Jack Sharkey (geboren 1902) war von 1932 bis 1933 Weltmeister im Schwergewicht, hatte zwei denkwürdige Kämpfe mit Max Schmeling. Er starb am 17. August 1994 im Alter von 91 Jahren. Von 55 Profikämpfen gewann Sharkey 38 und verlor 13. Im Anschluß an seine Disqualifikationsniederlage schrieb Sharkey seine Gefühle und Gedanken für das Fachmagazin »The Ring« nieder.

Jack Tree (geboren 1920) bekam 1995 die Goldene Ehrennadel des Bundes Deutscher Berufsboxer (BDB). Tree kam 1945 als Soldat nach Berlin, blieb nach seiner Heirat mit einer Berlinerin als Zivilangestellter in der Stadt und stellte als Boxsportjournalist entscheidend die Weichen zur Beendigung des Nachkriegsboykotts deutscher Boxer. Tree ist als Korrespondent für über 18 internationale Boxmagazine tätig.

Stanley Weston war jahrzehntelang Herausgeber der amerikanischen »Bibel des Boxens« – »The Ring« und begleitete die Karrieren vieler prominenter Boxer. Dieser Text entstand aus vielen Gesprächen des Autors Stanley Weston mit Paul Damski und wurde zuerst 1968 in dem Fachmagazin »The Ring« veröffentlicht.

Quellenangaben

Giuseppe Ballarati, »I Campioni Del Passato«, Rom 1983

Joe Louis Barrow jr. and Barbara Munder, »Joe Louis – 50 Years an American Hero«, McGraw-Hill Book Company, New York 1988

Georges Carpentier, »Meine Methode des Boxens«, Grethlein & Co. Verlag Leipzig und Zürich 1920

Mathias Forster, »Max Schmeling – Sieger im Ring – Sieger im Leben«, Delphin Verlag 1986

Reg Gutteridge und Norman Giller, »The Release of Power – Mike Tyson«, Queen Anne Press, London 1995

Carl Otto Hamann, »Ein Leben auf eigene Faust«, Verlag Ewald Bergner GmbH Köln, o. J. (ca. 1955)

Arno Hellmis, »Max Schmeling – die Geschichte eines Kämpfers«, Ullstein-Verlag, Berlin 1937

Robert Hess, »Sie kommen nie wieder«, Wilhelm-Limpert-Verlag, Frankfurt/Main 1963

Friedrich August Freiherr von der Heydt, »Muß ich sterben – will ich fallen . . .«, Kurt-Vowinckel-Verlag 1987

Joe Louis, »Round by Round«, Verlag McGraw, New York 1940

Ian Morrison, »Boxing – Records, Facts and Champion« 1986, Guinnes Publishing Ltd. 1986

Rolf Nürnberg, »Max Schmeling – Die Geschichte einer Karriere«, Großberliner Druckerei 1932

Rudolf Pörtner, »Mein Elternhaus – Ein deutsches Familienalbum«, Econ Verlag, Düsseldorf 1984

Max Schmeling, »acht . . . neun . . . aus«, Verlag Copress, München 1956

Max Schmeling, »Erinnerungen«, Ullstein-Verlag, Berlin 1977 und 1995

Max Schmeling, »Ich boxte mich durchs Leben«, Franckh'sche Verlagshandlung, Stuttgart 1967

Sepp Scherbauer, »Die großen Boxsport Stars«, Copress Verlag, München 1994

Helmut Sohre, »bis zur letzten Runde«, Verlag Bartels & B, Wermitz 1962
Gene Tunney, »Wie ich Weltmeister wurde«, Verlag Robinson, Berlin 1928
Wolf Wondratschek, »Menschen, Orte, Fäuste«, Diogenes Verlag, Zürich 1987

Boxsport-Almanach, Boxring-Verlag Papenfuß, Berlin 1961, 1965 und 1966
»Sport-Bild«, Axel-Springer-Verlag, Hamburg
»The Ring«, London Publishing, New York
»Boxsport«, Deutscher Sportverlag, Köln
»Kicker«, Olympia-Verlag, Nürnberg
»Westfalen Blatt«, Bielefeld

Archive/Veröffentlichungen in
Mikrofilmarchiv der deutschsprachigen Presse, Dortmund
National Museum of American History, Smithsonian Institution, Washington D.C.